经济学大师的
通识课

徐瑾 著

Common
Sense *of*
Economics
Masters

人民东方出版传媒
People's Oriental Publishing & Media
东方出版社
The Oriental Press

读书提升认知，
明白是一种最高的幸福

徐瑾女士以经济学为专业，又酷爱读书，阅读面极广，且能读进去又读出来，这两者融合的成果就是她的《经济学大师的通识课》。这本书以经济学为主线，分六个模块，扩大范围介绍了七十四本书。这里介绍的许多书我都读过，的确是既有思想，又趣味横生的好书。徐瑾女士对各本书的介绍既抓住了书的核心思想，又增加了许多与书相关的知识、趣闻，既是我们读这些书的引导，又给了我们超越书的更多思考。她的轻松有趣的方式，通畅流利的文字引导我们进入书的世界。无论在阳光明媚的春天，热浪滚滚的夏天，凉风初起的秋天，还是寒气逼人的冬天，读这本书都有一种宁静而快乐的感受。读过后的思考会让你进入经济学的一种新的境界。愿大家与我一样享受这本书。

——梁小民　经济学家、《经济学原理》译者

"常识略具"，对于现代人来说其实是件很难的事。然而达不到这一点，又哪里谈得上是"现代人"。此所以我很敬重徐瑾肯写《经济学大师的通识课》这样一本书。而且她不仅把通识讲得明明白白，还时时有自己的独到见解，这些见解根植于通识，普及且提高，这又是我很佩服她的地方了。

——止庵　作家、学者

从早年参与创办《读品》杂志开始，徐瑾始终保持着对阅读、解说与分享的热情。在经年累月的努力中，她对理论作品的理解和阐释也日臻开阔和深入。这部《经济学大师的通识课》着眼于重要的经济学主题，并扩展到历史、社会学以及哲学等领域，以极具亲和力的文风，引领和陪伴读者走向知识森林的幽深地带。

——刘擎　华东师范大学教授

"思想"怎么用？

万维钢

（科学作家，"得到"App《精英日课》专栏作者）

　　徐瑾的《经济学大师的通识课》是一本涸泽而渔式的经济学好书精华合集。书中有亚当·斯密和凯恩斯这些祖师爷的经典著作，但绝大多数都是最近的新书。全书覆盖了从宏观到微观、从社会生活到投资心理的一系列——或许不敢说是全系列——的思想。这些不是你在中学课本或者一般科普读物上能读到的内容。这些是大师的心法和江湖新锐的兵器。

　　我十分钦佩徐瑾的学识。她是《金融时报》中文网财经版的主编，在"得到"App开过《经济学大师》课程，同时在做知识服务和"徐瑾经济人"公众号，出版了多本著作。她知道的事情极多，思维速度惊人，常跟当今学界各路高手切磋。徐瑾对现实事物有敏锐的判断力，以至于她的发言有时需要赶紧看。

这样的书，我们最好带着问题阅读。比如，这本书里说的都是"思想"，那么思想到底有什么用呢？对物理学来说这根本不成问题，但是对经济学来说，这就是个大问题。

＊

远的例如 2008 年的全球金融危机。它的影响如此深远，以至于在一定程度上改变了国际政治格局。可是在危机爆发前夜，截至 2007 年下半年，全世界几乎没有一个经济学家预测到了那场危机。当然事后他们一个个都把危机解释得好像必然发生一样。如果这么重大的危险你们都没猜到，那经济学到底是个什么学问呢？

近的例如 2021 年年底中国房地产业的债务问题。2017 年，如日中天的恒大地产集团以 1500 万元的天价年薪聘请任泽平担任首席经济学家。任泽平当时对中国房产市场有乐观的预测，发表过激进的言论，而那时候恒大的负债率已经很高。接下来几年中，恒大更加激进地扩张，负债达到天文数字，最终泡沫破灭濒临破产。这时候任泽平被网友拎出来，质疑他这个首席经济学家到底起了什么作用呢？

任泽平也曾经谏言降负债，他从经济学家的基本认知出发反对过集团盲目多元化发展，只不过恒大没听进去。而这恰恰说明了经济学的地位：试想如果一个年薪一百万元的工程师说楼的设计有问题，盖好后很快就会倒塌，我相信许家印肯定会听的。

经济学不是一门硬学问，经济学家以说话不靠谱著称。这是因为经济学家并不能像工程师那样把所有相关参数都带入公式中计算，给出一个精确的判断——影响经济系统的因素实在太多了，而且其中很多是不确定和难以量化的。经济学家通常只能选取几个他认为比较重要，又碰巧可以考察的因素加以考虑，输出一个含糊的结论。

＊

简单地说，经济学家面对现实事物，往往不是用公式，而是用"思想"思考。

自由贸易好、政府可以使用财政政策刺激经济、包容性制度比汲取性制度更能带来繁荣等就是所谓"思想"。思想就如同过去的寓言故事和成语典故，现在流行的说法叫"思维模型"。其实像围棋定式、足球战术、商战策略等，只要是对事物规律的模糊总结，都是思想。

思想，本质上是模式识别。这张照片上的小动物是猫还是狗，你很难用一个量化的指标说清楚，但是你看到照片就知道它是什么。制度要包容到什么程度才叫"包容"？包容具体能带来多大的繁荣？这些没法言明，但是如果你了解过很多经济体的发展历史，你会非常清楚包容有利于繁荣，正如你知道狗通常比猫更愿意亲近人。

当然经济学家也需要做一番计算，但是那些计算对最终结论只具有参考价值。软学问的真功夫是举一反三地、灵活机动地运用各种思想。如果你当初以为这个事儿是这样一种局面，应该用 A 思想结合 B 思想分析，事后才发现它其实是那样一种局面，适用于 C 思想，那是你自己的模式识别出了问题，而不是那些思想不对。

经济学家之间的争论，往往不是思想有矛盾，而是模式识别的矛盾。比如此书中徐瑾讲到凯恩斯和哈耶克的争论。我相信凯恩斯绝对不可能反对"市场是经济运行的根本"这个思想，而哈耶克也会赞同"政府刺激可以带来一波至少是短暂的小繁荣"这个思想。他们之间真正的分歧在于这两个思想的效应的"大小"：如果政府不出手刺激，市场到底需要多久才能自动走出萧条？如果政府出手刺激，那个短暂的小繁荣值得我们承受它的副作用吗？这些问题不是空谈思想就能搞清楚的，它们由当前具体的局面决定。

经济学是关于经济思想的学问。有些经济学家专门发明新思想，有些经济学家专门运用思想，前者可能收获荣誉，后者可能收获高薪，读者可能收获揪心。

✳

2009 年，刚刚获得诺贝尔奖的经济学家保罗·克鲁格曼（Paul Krugman）访问中国。中国人热烈地欢迎了他，他却强烈地批评了中国经济。克鲁格曼说中国这个靠出口拉动经济增长的模式根本不行，别的国家不会容忍中国一直这么干，很快就会出问题。结果却是后来中国经济继续高速增长了十年，以至于中国人相信是美国那一套根本不行。克鲁格曼跟其他那些曾经唱衰中国经济的人一样预测失败了。

可是我们能说克鲁格曼是在胡说八道吗？也许只是他考虑的模型不够全面。中国经济可能的确有他说的那些问题，但是因为中国经济其他优势和红利——比如中国市场的潜力巨大、中国有很多国内储蓄可以用于投资——远远超过了他所提的问题，所以中国经济还可以保持高速增长。

这就相当于某个足球教练偶尔观摩了一支球队的比赛，他认为这个队防守队形有问题，恐怕联赛成绩不会好，结果这支球队一年后却获得了冠军。我们不能据此认为这个队的防守队形没有问题，因为也许这支球队获得冠军是因为它的中场和锋线球员实在太强，而对手又都不够强而已。

事实上后来的中美贸易摩擦就在一定程度上印证了当初克鲁格曼的观点，所幸 2021 年因为率先抗疫成功，中国保住了出口从而保证了经济平稳运行。

从 1984 年开始，中国政府相继实施了银行改革和国有企业工资改革。这两项改革使得各家银行都在尽力发放贷款，而国有企业则纷纷借钱给职工涨工资。在经济学家眼中，这两项改革都有导致通货膨胀的趋势。而就在这样的趋势中，1988 年，中国政府又开启了物价改革，打算结束国有企业的双轨制，完全让市场决定物价。

有好几位西方经济学家对此发出警告，认为在那个时间节点上搞物价改革肯定会导致恶性通货膨胀。但是中国政府心意已决，想加快改革。结果1988年真的发生了恶性通货膨胀。

所以经济学家说的话，我们最好听一听。有则改之无则加勉，他们说得不一定准确，但是他们所用的思想通常都有道理。特别是如果好几个经济学家都这么说，我们最好严肃对待。

其实克鲁格曼不只批评过中国，他以前还批评过新加坡，认为新加坡靠劳动力和资本投入的发展模式是不可持续的，增长早晚会慢下来。李光耀听说之后也很生气，传说他有一次跟克鲁格曼当面对质，提出新加坡几十年的资本回报率也没下降，这应该如何解释？但是请注意，李光耀说归说，但还是重视了克鲁格曼的批评，李光耀要求新加坡必须在资本和劳动力的基础上提高全要素生产率的水平，结果新加坡果然摆脱了中等收入陷阱。反过来说，如果很多经济学家说一个经济体最近几年的很多项政策都是奔着压制增长的方向去的，而这个经济体又不听，这岂不危险吗？

✳

2008年金融危机爆发之前，经济学家根据常识就已经知道美国的次级贷这个做法是有问题的。他们知道房地产和金融市场有泡沫，只是不知道泡沫会不会破灭，更不知道泡沫破灭的危害有多大。任泽平当然知道企业负债率高是个问题，他当然也知道中国房地产不会永远增长，但是他不知道这两个趋势较量的结果是什么。

关于经济学思想和经济学家，我们需要明白三个道理。第一，经济学思想几乎都是对的，只是适合的局面各有不同。你需要掌握常识，你需要学习尽可能多的经济学思想。能比别人多考虑一层，也许就多一分正确的机会。

第二，知道一个道理，和知道一个道理在这个情况下有多大的效果，是两码事。很多时候效果只能凭感觉评估，但是你得有个评估。如果指向相反方向的两条思想看起来都适用，你最好能分析出来哪一条的效果更大一些。这就是专家的作用，他们有量化的模型，他们有历史的经验。

第三，经济学家之间的争议其实是很小的。有时候争论看似很激烈，但是你要问下一步具体应该怎么办，经济学家和经济学家的差异肯定比政客和政客之间的差异小得多。特别是经历了过去这几十年，经济学家见识过那么多历史，通常会主张一个不太激烈的动作，不至于动不动就想把系统完全推翻。

而现实是真实世界中人们的选择，远远没有按照经济学家的设想走。这大概是因为经济学家只会算经济账，政客总爱算些其他账。这就是为什么事情并不总是往有利于经济增长的方向发展。但我们仍然应该再多读一点书，争取再多想一层。不见得你就能有什么神来之笔，但是你一定能少犯错误。或者，在别人犯错误的时候，能看出门道来。

以前我年少无知的时候曾经藐视经济学家，现在我能体会他们的难处，更佩服他们的思想。如果你仔细读通了徐瑾书中这些通识，好消息是你会成为一个谦虚的人，坏消息是你会看不惯一些事情，而有学问的人就应该有点看不惯的劲头。

一、为什么要讲述经济通识？

"徐老师，推荐一本 XX 学的入门书吧。"或者，"徐老师，有什么书可以让自己认知升级？"

我和读者交流时碰到最多的问题之一，就是读者希望我为他推荐一本关于某一学科的入门书，或者是希望我帮他提升自己的认知。从经济到政治，从理论到现实。这些问题看起来简单，却是令我最为难的问题，对方常常希望借阅读一本书而了解更多情况，而任何学科都是驳杂繁复的，世界更是动荡不休，如何从中选出一本书而试图管中窥豹呢？更何况，现实又面临那么多的误读。

以经济为例，"经济学就是算计吧？""学习经济学能赚更多钱吗？""经济学理性人的假设过于自私，甚至怀疑是否根本不成立呢？""经济学家是不是都是某一利益集团的代言人呢？""金融危机不是经济学家们的失误导致的吗？"等等。从我进入大学接触经济学开始，就时时面临不同的人对于经济学的好奇甚至误解，正是这些天真而善意的问题，促使我参与了很多经济学理念的普及和推广工作。从学生时代和诸多朋友创办公益读书杂志《读品》，到最终选择财经评论作为职业，回大学讲授经济学知识，再到今天选择在"徐瑾经济人"社群与经济人读书会与大家交流，我始终认为，我们作为公民，经济学通识应该作为一种常识加以学习。

从 FT 专栏到各类书，再到"徐瑾经济人"公众号，我这些年一直在尝试为普通读者理解真实经济世界提供更多的可能，这也是本书诞生的直接原因。对于知识，我的想法一直是努力授人以渔，渔猎的渔，我更希望引导人拓展认知，进行自主学习，而不是以发财或焦虑为饵，吸引只知道问一些其实没有答案的问题的"鱼"或者说愚蠢的"愚"。

二、《经济学大师的通识课》有什么？

经济学喜欢说偏好，偏好说到底就是趣味和目的不同，那么最终指向也必然不同。由此，我认为读书最终应该是件私人化的事。甚至不无玩笑地戏谑，荐书往往是一个自曝其短的行为。

本书以财经为主，社科人文为辅，帮你构建结构性通识体系，完善思维方法。更多提及的是知识框架和现实问题相关性。本书分为六个模块：

市场：通往自由的经济学；

制度：国家何以增长衰败；

宏观：危机如何改变世界；

博弈：社会如何竞争合作；

洞察：如何提升认知修为；

投资：软阶层时代的策略。

本书会谈及亚当·斯密、凯恩斯、哈耶克、罗伯特·希勒、乔治·阿克洛夫、理查德·塞勒等经济大家，也会涉及历史学家尼尔·弗格森和托尼·朱特的书，也有比较有趣而且具有洞察力的书，比如有 FT 专栏作家蒂姆·哈福德与心理学家加里·克莱因的书，更有关于达·芬奇、罗斯福、格林斯潘、伯南克、索罗斯、巴菲特等业界人士的人生智慧。更重要的是本书以问题为导向，通过李约瑟之谜、人类博弈、国家兴衰、中国模式、金融危机、国际关系等话题切入，研究综合经济学、社会学、金融学、历史学、政治学、生物学等学科背后的立体的框架，以便更好地理解现实世界。

我持续关注中国经济超过 10 年，写了上千期专栏和十来本书籍，让普通个体理解我们所处时代的内涵与变化，这是我的热情所在。我希望读者在学习之后，和别人相比，看待问题会有一些全新的高度和更广阔的视野。新闻会变，时代会变，知识也会变，永远不变的是自我成长与终身学习。

三、我和你，希望达到什么目标？

可以说，任何通识教育最大的成功都在于让我们知道，自己知道的其实很少。可以把本书看作一把钥匙，所涉及的书籍不追求全面，很多太热门的书我就不作推荐，读起来太艰深的经典也不会刻意推荐，我更多地强调对于一般朋友的"适用性"。有心的朋友可以将这门课作为索引，后续可以按图索骥，从一本书延伸到无数书，那是我最乐于见到的局面，正如胡适先生在很早之前就说过，"读书无捷径，是没有什么简便省力的方法可言的。读书的习惯可分为：一是勤，二是慎，三是谦"。

王小波在《我的师承》一文中，曾经说自己在 15 岁那年，通过查良铮先生翻译的《青铜骑士》"懂得了什么样的文字才能叫作好","我一直想承认我的文学师承是这样一条鲜为人知的线索。这是给我脸上贴金。但就是在道乾先生、良铮先生都已故世之后,我也没有勇气写这样的文章。因为假如自己写得不好,就是给他们脸上抹黑"。

对于我来说,除了一路走来的各位老师,所有我读过的大师与经典,事实上也构成了我的师承,可以说他们启蒙了我。这不无攀附之嫌,但之所以强调这一点,也在于我自认并无多少原创,能够作合格的二道、三道"贩子"就很不错了。伟大如维特根斯坦,20 世纪最特别的哲学家、经济学家哈耶克的远亲,甚至也自认从未创造过自有思想,"我的思想是从其他人那儿获得的。我热情地直接地抓住它,将它运用于我的分类工作中。这就是波尔兹曼、赫兹、叔本华、弗雷格、罗素、克劳斯、卢斯、威林格、斯宾格勒、斯拉法等人对我产生的影响"。

这本书诞生的动力,很大程度上源自微信公众号"徐瑾经济人"学习社群的交流,因为交流的过程与学习课程后的正面评价给予了我极大正反馈。而对一切给予我帮助的老师的最大回馈,无疑是将所学回馈给需要帮助的朋友,将其观念薪火相传。正如爱因斯坦所说,"在我看来,人类精神愈是向前进化,就愈可以肯定地说,通向真正宗教感情的道路,不是对生和死的恐惧,也不是盲目信仰,而是对理性知识的追求"。理解是谦卑与宽松的开始,正如爱因斯坦的描述,"通过理解,他从个人的愿望和欲望的枷锁里完全解放出来,从而对体现于存在之中的理性的庄严抱着谦恭的态度,而这种庄严的理性由于其极度的深奥,对人来说,是可望而不可即的"。

书事如人,有自己的命运,翻开一本书是偶然,而合上一本书也不是结局。对于这本书,我有个小小的野心,那就是致敬自由读书的岁月。有位我很喜欢的中国台湾作家说过:"正是有些作者的存在,让人少寂寞不少。"对于我也是一样,这些纸面上的大朋友们,和现实生活中的师友,慰藉了我年少的迷茫与狂乱，感谢你们最好的方式，或许就是我也能贡献自己的微薄力量，或许也能度人一路。

我和你，因为书而相会，也希望通过这本书的框架最终达成一个新的共识：读书提升认知，明白是一种最高的幸福。

第三模块

宏观 危机如何改变世界

第四模块

博弈 社会如何竞争合作

第五模块

洞察 如何提升认知修为

第六模块

投资 软阶层时代的策略

第一模块

市场
通往自由的经济学

第 *1* 章

经济学鼻祖亚当·斯密:《国富论》最核心一点是什么

开宗明义,本章我想和大家聊聊经济学鼻祖亚当·斯密和他的代表作《国富论》。

说起亚当·斯密,大家第一印象是他的《国富论》,一些经济人读书会书友可能知道他早年还写过一本《道德情操论》。这说明在 18 世纪,斯密示人的身份更多为一位终身未娶的苏格兰教授。最初斯密并不是以经济学家的身份出现的,因为当时也没有这个职业,人们记住斯密,就是因为他开创了经济学这门学科。

斯密是天才,不过大家也应该注意到,历史上的天才往往不会单独出现,而是成群出现,所以天才往往离不开时代的映衬。斯密的幸运,就在于他不是一个孤独的天才。他的思想受到很多前辈的影响,比如哲学家大卫·修谟。更进一步说,从他对经济学的创造力或者应用技术的能力看,对比弗朗斯瓦·魁奈、理查德·坎蒂隆等人，他也不是同时代经济学者中最厉害的人，但是他的优点就在于，他吸收了那个时代最为正确的观点，形成一个体系化思路。

斯密的运气也不错，他的《国富论》出版也赶上了好时机。该书的出版时间是 1776 年，正是英国工业时代的发展时期，那是一个资本的时代，同年美国宣布独立。因此，《国富论》得以成为经济学的"圣经"。

人如此，国家也是如此，发展的前提除了制度正确，还需要时代配合。《国富论》的全称是《国民财富的性质和原因的研究》，顾名思义，斯密讨论的是一个国家财富何以积累的问题，这定义了古典经济学的基本研究领域。这背后有时代的烙印，以英国为例，随着工业革命席卷全球，掀起第一波世界性的产业革命，大英帝国成长为日不落帝国。不仅仅是靠坚船利炮，而是财富与生产力双双向前，资本主义从此取得了历史性胜利。

国家富起来的关键在于经济如何发展。《国富论》中讲述了许多理论，如果加以提炼，其中最核心的思想就是"分工"。学科的建树，往往来自大师对时代的敏锐洞察力与高度概括力。面对资本主义在工业革命催化下迅速崛起的社会变革，斯密反思了其中的原因，并把"分工"作为讨论的开篇，总结人类社会进步的原因，将其归结为分工和专业化带来的劳动生产力的增进，同时他认为劳动是国民财富的源泉，国家要发展非分工不可。

在分析分工带来的劳动力进步时，斯密举了一个很经典的例子，即使今天仍在被世界富豪比尔·盖茨引用，即小扣针的制造业的例子。制造小小的扣针也有很多工序：抽铁线、拉直、切截、削尖、打磨、安装等。一个扣针的制造过程可以分为 18 个操作步骤。

后来，有些生产扣针的工厂开始有了分工，这 18 个操作，分别由 18 个专业工人担任，由此，可以达到平均每天制造 20 枚针的速度，但是如果这 18 个操作都由 1 个人来做，说不定每天连 1 枚针也制造不出来。

分工带来的效率提升是一种现象，思想家与众不同的地方往往就在于，他们可以通过现象去分析其背后的逻辑。亚当·斯密怎么理解生产效率的提高这种现象呢？他总结了三点原因：第一，工人技巧的专业化程度提升了，这体现了人力资本的进步；第二，减少了工人从一道工序转换到另一道工序的劳动力损失，这体现为流程的进步；第三，生产力的提高离不开机械发明，这体现为技术的进步。

斯密总结的这三点因素，看起来是在说分工，其实也解释了经济增长背后的动力，后来不少经济学研究都从这里发散开去。斯密的结论虽然来自工业时代，但在今天一样适用，最典型的例子就是中国的崛起，其实背后就是国际分工带来的变化。中国过去曾一度处于贫穷的状态，也没有太多的技术，但是因为人力资本便宜，所以我们在国际市场有比较优势，通过拿到各种外贸订单，我们不仅赚到了外汇，更学习到了技术，而且在分工中不断涌现出创新。

分工带来的改变对于劳动者来说也非常明显。分工普及之下，劳动者的技能专业化也成为可能，甚至下层的民众也出现普遍富裕。在亚当·斯密所处的年代，分工可能体现在工人和各种行业协会，也就是现在大家熟知的中产阶级人群，这最终又带来了国际经济的增长。亚当·斯密说过，如果没有成千上万的人的帮助和合作，一个文明国家里微不足道的人就无法以一般适应的、舒服简单的方式取得其日用品的供给。甚至可以说，"现代普通人的生活水平其实是超过古代帝王的"。

回头来看，人们为什么需要分工？不是因为人人都献出一点爱，分工的动机恰恰在于人的自利之心，"请给我我需要的东西，同时，你也可以获得你需要的东西"。

基于自利之心建立的交换，反而最终有益于社会，这奠定了亚当·斯密的经济人本性的原则。他认为人们在经济活动中追求个人利益，正因为每个人都是利己主义者。所以，每个人的利己主义，又必然被其他人的利己主义所限制，这就迫使每个人必须顾及他人的正当利益。由此，人与人的利益边界之间就产生了社会利益，社会利益正是以个人利益为立足点的。这实际上论述了市场机制可能实现的原因：只要有交换的地方就有市场，而市场肯定不是最坏的那一种选择。任何一个人，几乎随时随地都需要其他人的协助。我们不能仅仅依赖陌生人的善意，最好的方式是刺激他们的利己心，使自己的需求有利于他们，并告诉他们，帮你做事是对他们自己有利的，你要达到目的就容易多了。这有点类似英国学者伯纳德·曼德维尔提出的悖论："私人恶德即公共利益。"市场看起来违反常识，但是最后往往最符合人性。

最好的经济学家并不试图改变世界，而是解释世界的规律。目睹分工带来的工业变革，亚当·斯密敏锐地感触到这一点，抓住机会将经济学自成一体。放在今天来看，分工思想的本质是一种管理，企业因分工而产生，交易组织结构依靠看不见的手的结合，让各种组织得到发展。分工对于后代的影响也相当之大，比如企业内分工引发的组织管理，行业内外分工引发的产业经济学，再比如国家间分工引起的国际贸易理论，亚当·斯密的理论到今天都举足轻重，甚至决定经济的走向。

既然我们已经知道分工会带来社会进步，那么过去为什么没有那么多分工，只有在工业时代才会大量涌现？这就涉及市场的深度问题。分工是由交换引起的，因此分工的程度会受到交换能力大小的限制，而交换又必然受市场范围限制。市场要是过小，那就不能鼓励人们终生只做一件事，市场越大，分工程度就越深，生产力水平也就越高。

当然，分工与市场的关系还受其他一些技术因素影响，比如物理上的运输交换成本，或者以今天的视角来看隐性交易成本等，也会改变分工的状况。比如因为水运成本小于陆运，水运开拓了比陆运更广阔的市场，所以一般沿海和沿河地区就更为发达。在历史框架中，其实也可以解释为何18世纪海洋文明在现代化速度上大幅度甩开了大陆文明；中国经济发展为何从沿海和沿河地区开始，典型的，如中国温州等地的飞速发展。

本章重点梳理了亚当·斯密，首先谈了亚当·斯密的非经济学背景以及他所处的时代的背景，其次谈论了分工如何带动效率提升，以及分工大量出现为何需要一定的市场体量，其中也穿插讲述了经济人的定义为何使得市场运作有效。亚当·斯密的特点是提供清晰有力的正确常识，经济学大师并不是空想家，一切经济思想都基于现实之上，分工带来的工业变革给予了亚当·斯密机会，开创了现代范式的经济学。事实上，每一次经济学走入迷途之际，大家才会想起来，我们是忘记了亚当·斯密的教诲。

随着互联网时代成本越来越低，分工必然越来越细，随之而来的市场机遇只会越来越多。这种时候，大家可能会有疑问，在人工智能与自动化冲击之下，我们看到各种反对专业的潮流，今天很多中等收入职业面临被电脑替代的可能，比如医院技师、分析师、会计等。那么这就留下一个思考题，专业和分工是一回事吗？

本章给大家推荐斯密的《国富论》这本书很厚，可以慢慢看，里面很多小地方今天读来都不过时，尤其需要记住的是分工这个概念。斯密代表了英美经济学主流，当然也有和斯密不同的观点和流派，比如经济人读书会推荐过的德国历史学派的经济学家李斯特，他写过《政治经济学的国民体系》。如果感兴趣，也可以看看。

·金句抄录·

事实上，每一次经济学走入迷途之际，大家才会想起来，我们是忘记了亚当·斯密的教诲。

·推荐阅读·

《国民财富的性质和原因的研究》

作者：[英] 亚当·斯密

译者：胡长明

出版社：人民日报出版社

第 2 章

凯恩斯与哈耶克：朋友还是敌人？

在一个学科中，除了奠基人，往往还有那么几场大辩论值得关注，这些辩论推高了学科的水平，本章就给大家介绍一下凯恩斯和哈耶克的辩论。

两位大师经典著作很多，想要阅读两位大师的著作就要先了解他们所处的时代背景，阅读他们的传记或者思想史就是很好的方法。在中国哈耶克有不少粉丝，我自己写过一本《凯恩斯的中国聚会》，很多人总在问我，"你到底喜欢凯恩斯还是哈耶克"？其实两个人虽然有过论战，但并不像想象的那样敌对。本章推荐的这本《凯恩斯大战哈耶克》，就从观念的角度梳理了哈耶克和凯恩斯的论战。

思想史的探索向来充满不同的路径，在经济学上没有比凯恩斯和哈耶克更为矛盾且迷人的组合了，甚至时代的轨迹似乎也是围绕他们身前身后延展交错行进的，无论是被人顶礼膜拜还是遗忘尘埃。经济思潮的数次周期变革都离不开其中任何一位的思想，二人堪称 20 世纪经济学家的"爱与恐惧"，对此尼古拉斯·韦普肖特的书《凯恩斯大战哈耶克》可谓最佳注脚。

二人在 20 世纪 30 年代关于自由放任与政府干预的大辩论，曾经被赞许为"历史上最经典最著名的经济学决斗，影响了数百万人生命和生计的争论"，而二人的分歧日后也被无限放大，也形成了各自的"信徒"和"教派"，以至于关于二人的辩论几乎贯穿了整个现代经济学历史。

思想者的形貌往往隐匿于思想之中，但思想者也有世俗肉身，这本书让思想者本身也灵动了起来。凯恩斯风度翩翩，看似不修边幅，却自有优雅，出入布鲁姆斯伯里文化圈，年纪轻轻就亲身参与"一战"的巴黎和会，薄薄一卷《和平的经济后果》更是轻易征服了世界。他左右舆论得当，辩论技巧一流，热衷调皮地招惹是非，这也吸引了无数的追随者。

至于哈耶克，虽然和凯恩斯一样身材高大（两个人的身高都超过 1.8 米），甚至比凯恩斯年轻了 16 岁，但更多地给人以中欧知识分子的形貌印象。其与凯恩斯的第一次见面就是一副典型的学究模样，丝框眼镜搭配粗花呢外套，看重礼仪且谨小慎微，更有着像"伦敦雾"一样的英语口音，以至于他在剑桥的第一次演讲让台下观众茫然无措，甚至连问题也问不出。哈耶克受人敬佩，但是往往局限于亲近的人，他并不喜欢抛头露面，意志顽强的他在年轻时曾有心谋划自己如何迈入上流阶层，中年之后他抛弃发妻追求初恋，临近晚年还曾为谋求一份有退休金的工作奔走，他还患有抑郁症。

二人的理念分歧也反衬出彼此的世界观分歧。凯恩斯对世界持有一种乐观的愿景，对于意识形态和政治理念也有更为务实灵活的态度，主张政府计划和管控能撑起经济的发展，人们可以追求并达到繁荣富足；至于哈耶克，则是一个怀疑论者和悲观论者，他将自己的理念视为信仰而不可动摇，他对于世界有清醒又悲观的态度，使得他认为美好意图背后往往是丑恶后果，正如他曾引用凯恩斯的名言"长期来看，我们都会死的"，接着批判"所以，政策应该完全受短期因素指引吗？我担心'我死后哪管洪水滔天'一语的信徒会遇到洪水滔天那一刻，他们会自食其果的"。

《凯恩斯大战哈耶克》的作者尼古拉斯·韦普肖特是媒体人士，曾写过《里根与撒切尔夫人》。这本著作读起来令人感到兴趣盎然，而且引据丰富翔实，作者费心查阅梳理不少档案材料，很多看似不起眼的细节都有详细出处，可谓学术与八卦的最佳结合。譬如在德军轰炸伦敦的 20 世纪 40 年代，哈耶克和凯恩斯曾经守在剑桥国王学院的教堂屋顶上，轮流提防德军空袭，这一戏剧性细节并非凭空想象，而是来自哈耶克的儿子劳伦斯的讣告，和凯恩斯一样，他也是国王学院的教员。

哈耶克最初向凯恩斯发起火药味十足的尖刻批判，就是他在 1931 年针对凯恩斯的《货币论》在《经济学刊》发表了一则被不少人认为苛刻的评论。原本以哈耶克在伦敦的初来乍到及名不见经传，已经誉满天下的凯恩斯其实完全不必理会，但是出身剑桥的凯恩斯笃信要从辩论中获胜，他迎头还击，而二人终生彼此无法说服对方，也无法认同彼此。如此架势，被凯恩斯的同事——经济学家阿瑟·塞西尔·庇古将这场论战评价为"以决斗的方式"，断定这场论战的结果为"两败俱伤"。

当凯恩斯出版其倾尽毕生精力所作的《就业、利息和货币通论》时，依旧不改其高调，甚至将预印版拿给哈耶克要求哈耶克评价，但是本该责无旁贷的哈耶克这一次却沉默了。后来的故事众所周知，《就业、利息和货币通论》引发学界内外轰动，不仅开启了宏观经济学这一学科，更是引爆了所谓的凯恩斯革命，成为当时年轻经济学家的新"圣经"。《就业、利息和货币通论》如此成功，以至于在20世纪30年代末期，人们完全遗忘了作为凯恩斯对方辩手的哈耶克，哈耶克的不少得意门生也掉头皈依凯恩斯，如卡多尔与希克斯。

哈耶克的沉默，被不少人认为有"失职"之嫌，即使哈耶克自己在40年之后也对此耿耿于怀："我迄今没有完全摆脱这种感觉，我推脱了完全属于自己的责任。"从另一方面看，哈耶克的沉默并非毫无意义，他一方面陷于自己的著作《资本的纯理论》的泥淖之中，另一方面他朦胧地感觉到凯恩斯是从宏观经济学层面解释经济运行，他认为如果要完全反击，需要思考凯恩斯未能谈及的领域，这其实也是哈耶克晚期的很多思想的起源。

1944年，哈耶克出版了《通往奴役之路》，这本书改变了世界，也改变了哈耶克的命运。一方面，他终于天下闻名；另一方面，这本书的畅销也使得他遭到很多非议，有的来自极右派，也有不少来自同行，譬如芝加哥大学的经济学家就认为"太畅销了，受人尊敬的学者不应该犯这个罪"，导致哈耶克在芝加哥大学只能担任社会与道德学教授。

虽然二人辩论的发端看起来不完全具有绅士派头，但是事实上二人的私交一直不错。在伦敦政治经济学院遭受炮击搬到剑桥之时，凯恩斯还大度地邀请哈耶克到他所在的国王学院，二人当时常碰头，哈耶克认为二人是非常要好的朋友，也有很多共同的兴趣爱好，譬如历史，但是两人见面基本不谈经济学。

《就业、利息和货币通论》和《通往奴役之路》往往被视为隔着深堑，那么凯恩斯与哈耶克之间的鸿沟是否完全不可逾越呢？事实上未必如此。即使是凯恩斯在阅读完《通往奴役之路》后，也写信给哈耶克表示赞许："从道义上和哲学上，我几乎完全同意它的观点；我不光同意，而且深为感动。"但是凯恩斯显然更关注现实世界的走向以及可行性，他继而提醒哈耶克，希特勒的崛起并非仰赖大政府带来的便利，而是因为资本主义的失败和大规模失业，"你不得不承认，这是一个在哪里划下界限的问题。你赞同必须在某个地方划下界限，也赞同逻辑上的极端是不可取的。但你并未向我们说明在哪里、怎么划下这条界限。你大大低估了中间路线的可行性"。

中间路线是否存在并且可行呢？这是一个永恒的问题，至少哈耶克和凯恩斯之间的区别，或许并没有他们信徒认为的那么泾渭分明。大萧条与闪电战并未终结两人的辩论，甚至只是开始。从罗斯福新政到随后的凯恩斯革命，从 20 世纪 70 年代的滞胀到里根、撒切尔革命，直至今天，浪潮几经起伏。伴随着金融危机之后的反复以及检讨，我们对于哈耶克和凯恩斯的态度仍旧如同钟摆，在两极之间摇摆：当危机来临，我们往往求助于凯恩斯；一旦承平日久，哈耶克往往又占据上风。

　　本章主要介绍尼古拉斯·韦普肖特所写的《凯恩斯大战哈耶克》这本书，我觉得这本书是讨论哈耶克和凯恩斯论战最为精彩的一本，如果对哈耶克感兴趣，可以读一下考德威尔的《哈耶克评传》，如果对凯恩斯感兴趣，还可以读一下斯基德尔斯基的《凯恩斯传》。

·金句抄录·

思想史的探索向来充满不同的路径，在经济学上没有比凯恩斯和哈耶克更为矛盾且迷人的组合了，甚至时代的轨迹似乎也是围绕他们身前身后延展交错行进的，无论是被人顶礼膜拜还是遗忘尘埃。

·推荐阅读·

《凯恩斯大战哈耶克》

作者：[美]尼古拉斯·韦普肖特

译者：闾佳

出版社：机械工业出版社

·延伸阅读·

《通往奴役之路》

作者：[英]弗里德里希·奥古斯特·冯·哈耶克

译者：冯兴元、毛寿龙、王明毅

出版社：中国社会科学出版社

《凯恩斯传》

作者：[英]罗伯特·斯基德尔斯基

译者：相蓝欣、储英

出版社：生活·读书·新知三联书店

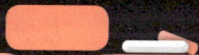

第 3 章

奥地利学派：为什么要重读哈耶克

在讨论完哈耶克和凯恩斯的世纪辩论之后，再深入讨论一下两位大师的思想。本章先和大家讨论哈耶克。想要了解哈耶克的思想，最直接的方法是读哈耶克所写的书，但是哈耶克的思想，具有欧陆哲学深奥思辨的一面，所以直接读并没有那么容易上手，我和大家一起阅读、讨论，帮助大家更好地了解哈耶克的思想。

我们不妨暂时合上书，回想一下，哈耶克究竟是谁，脑海中哈耶克的形象究竟是何样的？德国化的犹太人到终身经济学教授的局外人，从"伦敦雾"一样的英文口音到喜欢收集书籍孤本的奇怪癖好，从作为经济学"枪手"登台伦敦政治经济学院到自诩20世纪三四十年代著名大论战的两位经济学家之一（另一位自然是凯恩斯），从晚年遭遇家庭变故而身心欠佳再到意外获得诺贝尔奖，哈耶克经历了丰富而戏剧化的一生，按照《哈耶克评传》作者布鲁斯·考德威尔的说法，"哈耶克是一出好戏"。这出"好戏"显然正在中国复兴，中国的学者对哈耶克也有不少研究，推荐大家阅读复旦大学韦森教授的《重读哈耶克》。他近年醉心于研究哈耶克，甚至开设课程讲哈耶克，他的著作《重读哈耶克》不仅谈哈耶克，其中不少篇幅也在谈凯恩斯，尤其是二者的论战。

提到凯恩斯，给人的感觉是光芒四射的，即使他自认不帅，但还是"男男女女都为他倾倒"。哈耶克则相形见绌，《凯恩斯大战哈耶克》里说，"和学业出众的凯恩斯不同，哈耶克是个差生，两次被学校除名"。他日后回顾的时候坦言："因为我给老师惹出了些麻烦，我本来有能力，但懒惰，显得缺乏兴趣，老师生气了。我始终不做作业，指望着上课攒得足够的分数，好胡乱应付过去。"

不过，哈耶克也有属于他独特的魅力，除了有超群的智慧，更值得关注的是他的坚守。热闹纷争落幕之后，哈耶克作古已经30年，他的辩论对手凯恩斯，则已经离世76年，世界形貌也几度沧海桑田，经历了第二次世界大战和"冷战"，凯恩斯主义的兴起及保守主义回归已经轮换数次，此时此地，再来探究20世纪30年代的论战，是否有些过时？

首先，重读可以帮助我们厘清一些常识甚至纠正一些误读，尤其是对哈耶克的思想在思想谱系位置的认知。思想不是孤木，如果不能理解其思想在思想谱系中的位置，往往会导致读者误读。以此来说，国人注定只能误读，这也是跨文化传播的弊病。哈耶克的弟子林毓生先生在上海介绍哈耶克及自由主义理念之际，曾经强调应该将哈耶克的思想放在西方思想谱系之中来认识，而中国人往往从中国问题出发，导致解读往往沦为误读。就哈耶克而言，中国人不仅容易忽略哈耶克与穆勒、阿克顿、托克维尔等自由主义传统的继承关系，更往往仅将其视为一位政治哲学家，哈耶克的经济学家身份则隐而不显。

在20世纪40年代计划经济与社会主义思想吸引全人类关注之际，和大多数精英不同，哈耶克逆流而行，选择了撰写《通往奴役之路》。这本书成就了哈耶克在世界尤其是美国的名声，但同时也使得他作为经济学家的声望受到质疑，甚至可能直接导致了他无法进入芝加哥大学经济学系，只能栖身社会思想委员会。在中国也一样，这种影响力反而遮蔽了哈耶克作为经济学家的身份与洞见，这一成见随着奥地利学派在世界主流经济学界的淡出而愈加明显。哈耶克首先是一位杰出的经济学家，他对于货币思想、商业周期、知识论等的思考，也因选择性解读被淹没在历史之中，而这些理论恰恰或多或少构成了理解今日面临转型的经济社会所需要的复杂思维。韦森教授的梳理其实是一种经济思想的打捞工作，是在黑板经济学之外提供了一种突围的可能性。

其次，重读经典不仅可以消解误读，而且会得出新知。除了重新认识作为经济学家的哈耶克，我们对于凯恩斯也有颇多误读。凯恩斯以及凯恩斯主义总是被贴上大政府标签而饱受争议，其注重投资等思想在中国更是被有意放大，导致有识之士也不得不呼吁埋葬凯恩斯主义，其实其中牵涉到不少对凯恩斯思想的误读，韦森断言凯恩斯和哈耶克两人均是被误读、误识乃至被误释和误传最多的两位思想大师，他由对哈耶克的研究切入，对凯恩斯进行了研究，对凯恩斯的认识也经历了转变。我出版《凯恩斯的中国聚会》，也是一种小小的澄清与致敬。

哈耶克和凯恩斯二人相差 16 岁，在学术辩论中却是老对手，哈耶克大肆批评凯恩斯的思想是"术语的混乱"，晚年仍说凯恩斯"涉猎甚广，但经济知识相当狭窄"。凯恩斯升迁时则不客气地说哈耶克故意找碴儿，其《价格与生产》是"最令人毛骨悚然的大杂烩"。尽管如此，如前文所述，其实二人的私交不错，凯恩斯和哈耶克甚至一起在剑桥承受过纳粹的轰炸肆虐。这在我们看起来不可思议，事实上是西方知识分子公共对话的传统之一，或者也类似中国古代士人交往的失落传统。

国内引入尼古拉斯·韦普肖特的《凯恩斯大战哈耶克》，为我们提供了不少关于两人论战的历史内情。韦森在《重读哈耶克》中花费不少篇幅来评论这本书，但是要点并不局限于书，更着力于探索在 20 世纪 30 年代论战前后二人思想的改变。他通过广泛细致的阅读并对比二人的著作——即使经济学家面对这些著作也会大呼晦涩，比如凯恩斯的"货币三论"，即《货币改革论》（1923 年）、《货币论》（1930 年），以及《就业、利息和货币通论》（1936 年，以下简称《货币通论》），摸索得出一个相当独到又有论据的观点，"哈耶克这一时期所撰写的经济学理论专著和文章，几乎全部出自与凯恩斯的经济学理论论战，以至于我们今天在很大程度上可以认为，除了与社会主义经济计算可行性的大论战有关的著述外，哈耶克在这一时期所撰写的其他经济学理论著述，都是在指名道姓地或不指名道姓地与凯恩斯进行理论论战"。

论战不仅成就了哈耶克，也成就了凯恩斯，催生了使他获得宏观经济学鼻祖地位的《货币通论》。虽然《货币通论》没有直接表示针对哈耶克，但是也在处处针对哈耶克的提问作出辩解，开篇就谈到"本书主要是为同行经济学家们所撰写的……我的意图是想使辩解和争论尽量少一些"。通过文本研读，韦森断言哈耶克与凯恩斯二人理论论战是《货币通论》最重要的推动力，"凯恩斯在《货币通论》中所形成和阐发出来的最主要的经济学思想是在哈耶克步步紧逼式的商榷和批评下逐渐形成和明晰的。根据这一点，我近几年来一直认为，凯恩斯的《货币通论》很大程度上是哈耶克与凯恩斯论战的结果，或者至少可以说，哈耶克与凯恩斯的经济理论论战，催生了凯恩斯的《货币通论》这部 20 世纪最伟大的经济学著作"。

《货币通论》使得经济学面貌在 50 年后大为不同，按照哈耶克的话说，"它决定性地促进了宏观经济学的崛起和微观经济理论的暂时衰落"，在现实世界也造成了很大的政策影响，这成为不少自由主义者误解甚至厌恶凯恩斯的理由。一方面，哈耶克就曾多次表示对没有批判凯恩斯的《货币通论》大为遗憾，甚至深感内疚。这也是经济思想史的一个话题，前文提到考德威尔曾据此发表一篇文章，"为什么哈耶克没有为《货币通论》写书评"？另一方面，哈耶克也认识到凯恩斯并不能为其信徒的解读甚至行为负责，尤其是凯恩斯主义的燎原之势基本是出现在凯恩斯逝世之后——在凯恩斯生前，哈耶克曾经寄希望于凯恩斯本人会站出来反对其信徒们的经济政策。

凯恩斯和哈耶克的交锋不仅成为一时之盛事，在交锋结束之后，二人各自埋首交出的不同的理论体系，成为留给世界的莫大遗产。直到今天，经济思想的制高点仍旧来回往复。哈耶克与凯恩斯的思想现在仍旧如同钟摆的两极，总是不断在思潮更迭中往回闪现：一会儿是金融危机之后刺激政策频出，好像人人都是凯恩斯主义者；一会儿则是贫富不均导致占领华尔街等运动风起云涌，《21世纪资本论》一炮而红，捍卫自由市场者不得不重申哈耶克的思想。

经典或者大师的意义何在呢？他们或许就像阳光，存在的时候大家觉得不重要，直到消失的时候，大家才明白其不可或缺，他们作为关键人物存在于一时，但其观念却构成不同时期的关键问题，不断拓展人类思维驰骋的疆域。通过重读哈耶克，重新回顾哈耶克与凯恩斯的历史大论战，我们也重新认识了真实的凯恩斯，正如文学大师卡尔维诺给出的为什么读经典的理由之一，"一部经典作品是这样一部作品，它不断让周围制造一团批评话语的尘雾，却总是把那些微粒抖掉"。

　　哈耶克和凯恩斯二人都是自由市场的信徒，他们对于经济学的辩论异同，其实也为今天讨论当下政策及未来变化划定了边界。也正因此，哈耶克或者凯恩斯的作品不会沉寂，只要有需要就会从思想的时代沉淀中重新泛起涟漪，中国也不例外，比如冯克利老师翻译的《哈耶克文选》等书多次加印，也暗示自由主义思潮的回归，甚至出现基于网络而诞生的"一起读哈耶克"活动，它们注定是我们"正在重读"的书，而不仅仅是"读过"或"正在读"。

哈耶克和凯恩斯二人都是自由市场的信徒，他们对于经济学的辩论异同，其实也为今天讨论当下政策及未来变化划定了边界。

·推荐阅读·

《重读哈耶克》

作者：韦森

出版社：中信出版社

·延伸阅读·

《哈耶克文选》

作者：［英］弗里德里希·冯·哈耶克

译者：冯克利

出版社：江苏人民出版社

第4章

大萧条与罗斯福新政：事实还是神话？

读书需要带着问题，而且不同的作者会给出不同的答案，尤其是重大问题。当然，刚开始大家可能会感到困惑，但是如果能理解到这源于不同视角，这样的高度和视野就高明了很多。

本章我们聊聊大萧条，推荐的书名叫《新政 VS 大萧条：被遗忘的人和事》，这本书的角度和后面要谈的《货币大师》不同，本章先来看看这本书会给我们带来什么新的启发。

凯恩斯革命、纳粹上台、两次世界大战、苏联兴衰、美国崛起等这些决定性历史时刻均与 20 世纪 20—30 年代的大萧条有着或明或暗的关系，在大萧条改变了 20 世纪资本主义面貌的同时，关于大萧条的集体记忆也随着时代嬗变而变色。

比较是人类的惯性，2008 年席卷全球的金融危机迫使人类开始回望历史深处，大萧条热再度兴起，正如经济学家吴敬琏在《新政 vs 大萧条：被遗忘的人和事》的序言所言，金融危机"使人们情不自禁地把本次全球金融危机与上次世界大萧条作对比，希望从中找到对造成危机的原因和走出危机的路径的启发"。

关于大萧条，通常听到的美国版本可以简化为如下表述：柯立芝总统长期的自由放任政策衍生了"柯立芝繁荣"，却埋下了经济危机的种子，继而经济风向转向，胡佛总统的无所作为导致了经济衰退的加剧，将美国人民拖入失业困苦的泥淖；而喊出"我们唯一恐惧的就是恐惧本身"的富兰克林·罗斯福总统则凭借整顿银行与金融体系、复兴工业、推行"以工代赈"、兴建公共工程、建立社会保障体系等系列新政，不仅拯救了美国及其人民，避免美国走上集权道路，也间接挽救了身陷第二次世界大战的万千大众——罗斯福不仅带来美国的第三次革命，而且从衰退与战争中拯救了美国，并且在反法西斯战争中起到了重要的作用。

社会学家莫里斯·哈布瓦赫曾经谈过一个理念，集体记忆在本质上立足于现在并且是对过去的一种重构，那么每每思潮风云变幻时，对于大萧条的成因以及罗斯福新政的叙述、评价也会迥异万千，经济学亦不能豁免。

对于大萧条的解释，其实也折射出观念的变化，借助梳理大萧条可以解析半个世纪以来的思想光谱。从20世纪70年代开始，随着新保守主义逐渐赢得主流话语权，以往凯恩斯主义揭示大萧条危机根源在于有效需求不足的观点不断受到挑战，其流派所提倡的扩大公共财政开支的对策也被诟病为政府过度干预经济；与之对应的则是来自货币主义的观点，随着其代表人物米尔顿·弗里德曼的声望开始如日中天，货币主义的解释也得到不少拥趸，比如美联储前主席本·伯南克。弗里德曼和 H.A. 施瓦茨在《美国货币史》中花费 1 / 7 的篇幅来诠释大萧条，他们认为美国大萧条的关键因素在于货币供应量，一旦信贷紧缩，美联储又紧缩银根，那么就导致货币供应量的崩溃，使得一次信贷危机演变为波及实体经济的大萧条。货币主义者一向强调政府除了货币之外无须过度干预经济，而即使是货币政策，他们也往往主张维持固定不变的货币增长率。

比货币主义者更激进的理念来自奥地利学派，其对大萧条的主要观点尤其以穆瑞·罗斯巴德不断重印的《美国大萧条》为人所熟知，罗斯巴德将大萧条根源归结为政府过多干预经济而不是人们通常认为的"自由放任主义"，长期的信贷扩张埋下了危机的种子，随后"政府的过度干预政策使得危机长时间延续"，而如果政府减少干预，市场会自动完成恢复过程。

对照起来，美国著名记者、外交关系委员会经济史资深研究员阿米蒂·什莱斯的著作《新政 vs 大萧条：被遗忘的人和事》无疑是从另一个角度对凯恩斯版本进行的一次颠覆，她的观点处于货币主义与奥地利学派之间：大萧条深层次的问题是政府的干预。这点从她对于三位总统的褒贬也可见一斑：她显然最为推崇柯立芝，她反复强调这位"沉默的卡尔"自有其原则，正是因为其喜欢亚当·斯密的传统的"看不见的手"，加之柯立芝的信仰，使得他信奉"自己少卷入，世界会更好"。

相比之下，同党派的胡佛则是一位天生的干预主义者，他认为政府某些"行善之手"会帮助企业达到效果；至于罗斯福，又比胡佛更为激进。在阿米蒂·什莱斯看来，罗斯福新政延续了胡佛的行善之手，而且更类似令人恐惧的莽撞的实验者，他的前提在于大规模军事化的努力可以换来经济复苏，他甚至可以根据幸运数字来随意决定黄金价格，新政并没有从本质上解决失业问题，1937年与1938年仍旧一派萧条，20世纪30年代成为美国少有的经济停滞的10年。

早在阿米蒂·什莱斯之前，这类著作已经不少，比如《罗斯福新政的谎言》《危机与利维坦》等。与众不同的是，阿米蒂·什莱斯重新挖掘出大萧条中"被遗忘的人"的角色——无论在真实历史还是后续研究中，这类人的故事确实往往被淹没在对罗斯福的褒贬洪流之中。

"被遗忘的人"，这一概念最早来自耶鲁大学社会学家威廉·格雷厄姆·萨姆纳的观点：当A看到一件对他来说是错误的事情，并发现X正在受其煎熬时，A就与B谈论这件事，接着A和B提议通过一项法令来纠正这种错误，以帮助X。"他们的法律总是提议决定A、B和C能为X做什么。但是C是谁呢？A和B帮助X没有错，有错的是法律，错误的是用契约的形式将C约束在这件事情上。C就是被遗忘的人，就是花了钱又从来没有被考虑过的人。"作为斯宾塞主义的代表人物，萨姆纳信奉古典自由，他也极力反对福利政策，认为作为纳税主体的中产阶层实际上成为"被遗忘的人"，而且政府重新分配效率低下。

当大概 30 年后罗斯福重提这个概念之时，却完全被置换了概念：出于政治考虑，被遗忘的人不是指 C，而是指 X，随之 C 的处境显然更为悲惨，不仅继续被遗忘，还将被要求"响应政治号召去献爱心，使那些政治家们的灵魂得到慰藉"。在阿米蒂·什莱斯看来，这个 C 可以是万千被税收榨取现金的小工商业主，也可以是万众瞩目的大人物，比如历经三位总统的财长安德鲁·梅隆、公用事业公司大王塞缪尔·英萨尔、同罗斯福竞争的落败者威尔基等。饶是如此，无论声名显赫还是无名小卒，这些"C 们"在时代的洪流中付出代价，同时也被彻底遗忘。

被遗忘就代表着被伤害以及被掠夺，然而从不同的角度看待历史会有迥异的看法，正是不同利益集团的再分配与持续博弈有效构成了现代美国的经济、社会图景。典型如美国经济学新贵保罗·克鲁格曼，他就一直很推崇罗斯福新政，认为"前新政"时期的美国如同 21 世纪初的美国一样，是一个财富与权力分配很不平均的国家，正是罗斯福新政导致教育、医疗、环境等系列不平等改善，为美国经济的"长镀金年代"奠定基础，他甚至曾号召奥巴马向罗斯福多学习。

我们看经济史其实是为了反思。向后看，是为了向前看，也就是所谓从历史到未来。但越接近历史，可能对其本质更加困惑不解。正如大萧条与罗斯福新政，我们看到结果，却无法对原因得到清晰而明确的结论，对与错、是与非、因与果、左与右、干预与放任、自由与管制在诠释之中变得愈加复杂，美国著名历史学家保罗·约翰逊，也曾承认《大萧条》的编写难度之高，"尽管历史学家们认识到了这些事件的重要性，但是并不能说明为什么这场萧条是如此剧烈，而且持续了那么长的时间，这些问题对于现代的历史编纂来说就像是一个谜"。

新政是神话还是事实？干预是否有效？宏观政策短期与长期如何协调？被遗忘的人在今天是否以软阶层的面孔存在？其实这些问题也许不存在唯一答案，但思辨反省过程本身却能够让我们远离粗暴与武断，在比较与印证之中逐渐接近马克思理解历史现象的钥匙。毕竟历史并不仅仅是吹弹可破的薄纸一张，也不会永远是任人装扮的小姑娘，也很难概括为一句美丽口号了事，历史学家顾颉刚断言历史源自"层累地造成"，这就是历史吊诡与迷人之处。

·金句抄录·

　　被遗忘就代表着被伤害以及被掠夺，然而从不同的角度看待历史会有迥异的看法，正是不同利益集团的再分配与持续博弈有效构成了现代美国的经济、社会图景。

·推荐阅读·

《新政 vs 大萧条：被遗忘的人和事》

作者：[美] 阿米蒂·什莱斯

译者：吴文忠·李丹莉

出版社：中信出版社

第5章

罗斯福与凯恩斯：实干家与思想家的结盟

对于哈耶克来说，可能和凯恩斯辩论是他一生比较大的事情，但是凯恩斯不同，凯恩斯一路都有不少故事。所谓货币大师，除了说凯恩斯，也是在说罗斯福，为什么这样说呢？

因为 2008 年金融危机时，凯恩斯主义回归，罗斯福新政得到更多认同，而对于凯恩斯与罗斯福的关系也有了不少新认识。

在罗斯福于经济危机之中走马上任之际，大众就各种揣摩其经济政策的思想根源，其实罗斯福经济政策中有凯恩斯理论的影子，甚至在他当选之前已有端倪。竞选时刻，已经有罗斯福的顾问看出二人在经济方面的共性，甚至有支持者期待有"一种神奇的魔法"能够促成这位英国经济学家与未来美国总统的结盟。大家都知道，凯恩斯主义的盛行，与罗斯福新政难以分离，不过关于二人之间的关系，也有很多耐人寻味的地方。凯恩斯和罗斯福在 1934 年 5 月第一次见面并不能说一见如故，甚至双方私下都表示多少有点失望，直率的罗斯福直接说凯恩斯比起政治经济学家更像一位数学家，而凯恩斯的失望则表达得更为含蓄，他说自己原本以为罗斯福"对经济学有更专业的理解"，难怪罗斯福的劳工部长将这次见面评价为"学术派凯恩斯与实用派罗斯福之间的交流的失败"。

然而，如果就此判断凯恩斯在罗斯福新政中的作用不大，那么是一种误会，因为二人的故事此刻只是刚刚开始。《货币大师》的作者美国历史学家埃里克·罗威并不否认二人初次见面的不完美的记录，但是他认为二人的分歧主要是公共支出的金额大小，而二人对于经济复苏的大政方针基本一致。在《货币大师》一书中，他记录了二人第一次见面之后的故事，指出第一次见面之后，双方在多个场合见面与通信，二人开始产生更多的"化学反应"。正是源自时间的力量而不是其他的魔法，逐步促成了二人之间更多的理解，一方面罗斯福在与凯恩斯交谈时，表现出了一种"不同寻常的直率"，这正是因为凯恩斯的局外人身份；另一方面，凯恩斯从战前到战后都源源不断地给予罗斯福很多宝贵建议——当然，二人日后的交往也难免涉及国家利益的冲突，比如在1944年召开的建立布雷顿森林体系的会议上凯恩斯代表英国提出的方案虽然评价不低却遭遇挫折，"凯恩斯计划"因为美国强大的国家实力而失意于代表美国的"怀特计划"。

从成长经历而言，凯恩斯和罗斯福有不少相似之处。他们都履历不凡，罗斯福毕业于哈佛大学，父母都是商界和社交界的活跃人物，他的妻子安妮·埃莉诺·罗斯福是西奥多·罗斯福总统的侄女；凯恩斯出生于剑桥，被册封勋爵，堪称所谓英国传统的"牛桥男"（指的是牛津剑桥的白人男性）。无论以何种标准来看，二人在当时都堪称精英代表，也很容易与各路保守派以及当权者相处融洽，他们如果顺应其阶层的传统意识，个人道路或许顺利得多，但是他们却敢于打破传统意识禁锢，无论是罗斯福上任之后对抗大萧条，还是凯恩斯打破经济学家旧有观点，都算是不走寻常路，为此他们付出了相应的成本。以凯恩斯为例，他虽然在第一次世界大战巴黎和会之后，以《和平的经济后果》一书扬名天下，但20世纪20年代，在很长时间他都被视为一个悲观的看空者，无论在英国还是美国政坛都找不到响应者。凯恩斯主义即使在20世纪50年代之后风行欧美，却始终面临着"凯恩斯主义已死"或者"我们都是凯恩斯主义者"的往复呼声。

至于罗斯福，其诸多举措在当时也是饱受争议。比如他上任之后就雷厉风行地废除金本位，这在当时可谓冒天下之大不韪，因为当时欧美各国都迷信金本位，金本位甚至被视为"西方文化的标志"。《光荣与梦想》中记录，在维多利亚女王时代，金本位制更是成了强国的特征，银本位制成了落后国家的特征，废除金本位也被嘲笑为"橡皮本位制方案""吹牛本位"，甚至罗斯福政府的预算署署长也认为废止金本位意味着"西方文明的毁灭"。《货币大师》中记录，当时就有金融界人士表示"我坚决支持金本位，其他制度下的美元都是鬼扯"，而抱怨废除金本位则仅仅被视为

"爱哭闹、不懂事的孩子"，这一措施直到今天仍有批评的声音。二人的争议性正体现他们的重要性，而恰恰正是因他们的坚守，其生前身后也获得极大的历史成就，迄今仍旧给予我们启发。

从实际扮演的角色而言，凯恩斯是思想家，罗斯福是实干家，二人相遇使得凯恩斯理念得以实施并且成为普世知识。凯恩斯主义的全盛时期是从 20 世纪 40 年代到 20 世纪 70 年代，正对应着美国成为超级大国的周期，凯恩斯主义兴起于英国，在英国也遭遇了反对，之后因为在美国兴盛而传播到全世界。正如经济学家阿尔伯特·赫希曼所言，比起凯恩斯革命如何来到美国这样的问题，更吸引人关注的是凯恩斯革命如何从美国传播到全世界？阿尔伯特·赫希曼认为一个很重要的原因在于，20 世纪 30 年代是一个极度意识形态化的时代，凯恩斯主义其实是以法西斯主义与马克思主义之外的第三条道路的面目出现，从战后效果来看，他认为凯恩斯主义又影响了整整一代人的心灵，给第二次世界大战后经济学乃至政治学都带来深刻影响，不仅带来政治联盟的重塑，也带来公民精神的灌输，甚至因为凯恩斯主义自身的复杂晦涩催生了经济学新思想。

也正因此，罗斯福和凯恩斯的结盟，看似偶然，在历史中却几乎是注定会发生，当时美国正在和德国竞争，罗斯福本人正在和希特勒竞争，凯恩斯主义的出现提供了有利的思想武器。作为美国任期最长的总统，罗斯福新政塑造了美国形貌，但是比起实干家罗斯福的影响，凯恩斯的影响也始终挥之不去，"凯恩斯对罗斯福新政满怀信心的一部分原因在于，罗斯福并非他接触到的第一位美国总统，却是接触到的唯一一位有胆识、有担当作出变革的总统。早在多年以前，凯恩斯就致力于让美国政府明白，债务与货币工具将在缔造永久的和平中贡献卓越的力量"。我们甚至可以大胆揣摩一下，如果没有遇到罗斯福，凯恩斯的理念也会继续传播，他不过是在静静等待下一位罗斯福，就像他曾经等到又失望过的总统，从威尔逊总统到胡佛总统，从张伯伦首相到丘吉尔首相，等等。无论如何，凯恩斯超越时代的漫长影响，恰恰印证了他的一句话，"那些认为自己完全不受任何知识影响的实干家，通常是某位已故的经济学家的奴隶"。

·金句抄录·

早在多年以前，凯恩斯就致力于让美国政府明白，债务与货币工具将在缔造永久的和平中贡献卓越的力量。

·推荐阅读·

《货币大师》

作者：[美] 埃里克·罗威

译者：余潇

出版社：中信出版集团

第 **6** 章

货币大师的教训：繁荣好过紧缩

上一章除了谈凯恩斯，也谈了罗斯福，还谈了大萧条和金融危机。其实，《货币大师》还有很多精彩之处。

"长期看来，我们都会死。"经济学大师凯恩斯这句名言，很多人都听说过，也会经常引用，这句话要表达的意思看起来好像不言自明，但事实上对这句话的理解和完善也付出了不菲的历史代价。在1929年美国股市大崩盘之后的大萧条中，美国经济一直在螺旋式下降，陷入恶性循环，"在同一时间，同一国家里，既是生产过剩，又是消费不足"。曾经的繁荣结束了，民众对于危机不知所措。美国当时面临的问题非常棘手，在高度工业化之后，大量城市人口无法大批回乡，在政论家沃尔特·李普曼的记录中，"整个民族精神不振，人人觉得自己孤零零的，谁也不信，什么事也不信，甚至对自己也不信任了"。

1932年被认为是美国大萧条时期最惨的一年，当年8月，有人问远在英国的凯恩斯，历史上有没有过类似大萧条这样的时期？凯恩斯回答说，"有的，那叫黑暗时代，前后共 400 年"。难怪《光荣与梦想》的作者如此评价，"人民虽然身受其害，却都不懂得是什么在作祟"。回顾这段历史，凯恩斯的经济洞察力无可指摘，但是罗斯福的行动力也堪称政治家的表率，二人的结合促使美国走出了危机，挺过了第二次世界大战，也捍卫了民主与文明。美国历史学家埃里克·罗威所著的《货币大师》回顾这段历史，除了向凯恩斯和罗斯福致敬，更是对当下状况的反思。他将凯恩斯与罗斯福视为紧密盟友，尤其是颇受争议的货币制度方面的彼此理解与合作，这虽然是作为后代对历史前人的搭档配对或者说"政经CP"一厢情愿似地幻想，但体现了作者对于历史材料的娴熟掌握以及对于历史脉络的精确洞察。

直到今天，对于罗斯福新政的评价仍然存在争议。就罗斯福而言，甚至不少记录都显示罗斯福对经济学理解不佳，因此对罗斯福新政尤其是货币政策评价不高。对此，埃里克·罗威认为这一评价并不公允。首先，他认为罗斯福不仅在哈佛时期受过系统训练，学习过美国经济发展史、美国铁路经济学、公司治理经济学以及金融学等课程，而且罗斯福还持续关注最新学术前沿，勇于抛弃自己被灌输的旧有知识，罗斯福曾表示，"我在大学里上了一些经济学方面的课程，可是我所学到的知识却都是错误的"。

其次，埃里克·罗威指出，很多对罗斯福经济政策评价源自罗斯福前顾问雷蒙德·莫利和詹姆斯·沃伯格撰写的回忆录，甚至这两本回忆录是引用率最高的——问题在于，这二人的记录存在问题，他们一直认为罗斯福新政太过激进，甚至因为坚持与罗斯福相悖的货币政策主张而在罗斯福就任总统不久就与其决裂，这样的结果必然导致后续引证资料中的不可靠性。加之很多历史名家也采用此材料，因此忽略了罗斯福在货币政策方面的英明决断，导致不少历史学家将罗斯福的成功"归功于他的幸运，而非执政能力"。

就凯恩斯而言，即使外界将罗斯福定义为凯恩斯主义的追随者，但是事实上罗斯福并没有通读过凯恩斯的任何一本著作。而且不可否认的一点在于，在罗斯福新政尤其是货币政策中，凯恩斯之外的人也为此做出了不少努力，当时美国的经济复苏可谓众志成城的结果，并不是仅仅依赖于两个超凡人物的英雄行为。比如，埃里克·罗威指出经济学家沃伦、费雪、福斯特和卡钦斯基与银行家埃克尔斯，以及时任美国财政部部长小亨利·摩根索对于罗斯福的货币政策也贡献不少，"在真实情境下，罗斯福和凯恩斯都需要旁人的协助才能实现他们心中的宏愿"。

那么，凯恩斯的特殊性在什么地方呢？据说华盛顿有句俗语，"经济学家有用，但是不可让他们占据高位"。但是凯恩斯并不仅仅是一位经济学家，而是对于现实与政治都有深刻洞察的思想大师，他见证了 19 世纪的繁华，目睹了战争的阴霾如何摧毁一切，他倾尽前半生为拯救大萧条做好准备，而罗斯福和他一样擅长从过去获得经验。也正因此，埃里克·罗威指出这两个紧密的盟友早在 1933 年就已经就货币制度改革达成了广泛共识，双方将经济繁荣放在首要位置，当时正值与纳粹竞争的危机存亡之秋，经济繁荣已经不仅仅意味着经济本身，"普遍繁荣绝非只关乎经济效率或者商业成就，它还是一个道德命题……而守卫文明社会的重任还将有赖于美国经济的重振"。这一共识不仅使得美国撑过大萧条以及第二次世界大战，也从 20 世纪 40 年代开始得到世界的共识，"在罗斯福总统就任以前，国家之间并不存在促进共同繁荣的共识。可以说，这一共识既是罗斯福政府不懈工作的产物，也是凯恩斯经济学理论的思想结晶"。

更为关键的是，"罗斯福与凯恩斯共识"之下的罗斯福新政不仅在短期内是奏效的，而且长期来看也基本奏效了，1937—1974年甚至被法国人称为"辉煌三十年"（Les Trente Glorieuses）。那么如何解释凯恩斯主义后来遇到的挑战，尤其是 20 世纪 70 年代的通货膨胀与失业共存的"滞胀"呢？埃里克·罗威认为正是不合时宜的政策举措导致了危机的发生，罗斯福新政原则上可以容忍一定程度的通货膨胀，但是后来者往往无视甚至否认这一点，"出于对通货膨胀的恐惧，经济政策制定者们选择忽视价格水平的真实走向，采取紧缩财政开支，推迟干预等举措。紧缩政策严重拖累了经济复苏的步伐，市场上的投资与消费需求进一步下滑"。当经济学家和政治家面对 20 世纪 70 年代的经济危机而抛弃凯恩斯主义经济学之际，金融危机的爆发又引发了民众对凯恩斯理论的回顾。某种程度上，凯恩斯主义经济学是在非常情况下对于经济的重启，是萧条时刻的必然手段，可以视为政府在危机时刻在财政领域充当"最后贷款人"或者说"最后投资人"的角色。但是，在现实运用之中，大家要么运用得太早，要么运用得太晚，政策运用时机不对往往导致效果的巨大差异。

如果说2008年的金融危机让大家想到20世纪20—30年代的大萧条，那么，当前全球政治混乱更能让人回想到20世纪30年代的政治失序。回看现实，当时特朗普上任之后，有不少自由主义者如同遭受战后创伤一般，也有不少人转向看好，理由之一就是特朗普是一位企业家，而企业家往往是实干家，或许能强力修正这个失去秩序的世界。对于这样言之凿凿的论断，我总是深深怀疑。因为个人之间差别如此之大，企业家是否是同一类人很难定义，而所谓企业家人格是否存在也令人生疑。对比今天的现实，我们或许对于实干家之类判断，不应该凭空给予太多期望，更应该从具体历史情景与时代大背景中理解重要人物的作用。

·金句抄录·

"长期看来，我们都会死。"经济学大师凯恩斯这句名言，很多人都听说过，也会经常引用，这句话要表达的意思看起来好像不言自明，但事实上对这句话的理解和完善也付出了不菲的历史代价。

·推荐阅读·

《货币大师》

作者：[美] 埃里克·罗威

译者：余潇

出版社：中信出版集团

第7章

20 世纪视野中的凯恩斯—哈耶克论战

凯恩斯和哈耶克在 20 世纪的 30 年代的大辩论大力推动了经济学发展，但是，这场对话为什么会发生在这二人之间，尤其又为何会在 20 世纪 30 年代发生呢？

这个问题背后有很多因素，比如凯恩斯与哈耶克的个人特点，以及各自的经济学理念特点，但我们应该从多一个维度来分析，即如何在历史之中去看这场对话，这也是一般讨论凯恩斯和哈耶克对话很少能够达到的深度，这样的分析尤其需要我们去学习。《思虑 20 世纪》这本书就给出了很好的角度，也就是从 20 世纪的角度去审视这场经济学的世纪大辩论。这本书的第一作者是历史学家托尼·朱特，他出生于英国，去世于美国，《思虑 20 世纪》是一本讲述他和历史学家蒂莫西·斯奈德对话的书。

我认为读书最好的境界是合拍与猎奇的结合，即一本好书既有让读者认同的基础，又能告诉读者一些不知道的线索。我具有经济学背景，所以对哈耶克和凯恩斯辩论观点的影响已经很熟悉，但是重新读托尼·朱特这样政治人文背景的历史学家看 20世纪，也因角度不同收获很大。哈耶克和凯恩斯这场论战对于 20 世纪的社会形貌塑造自不待言，托尼·朱特甚至直接将 20 世纪奥匈帝国瓦解之后的 3 / 4 世纪的时间，看作凯恩斯与哈耶克的对决时期。

历史学家的解读，并不拘泥于经济学中在意的市场与计划孰轻孰重，而是剖析了两人的思想根源与个人经历，即应该将一切追溯到奠定 20 世纪基调的 20 世纪之初。这也引出了对 20 世纪的核心疑问：为什么经济、技术、艺术都有较大发展的 19 世纪末会滋长出暴力、冲突、战争、毁灭的 20 世纪前半叶？

对于哈耶克而言，他出生于 1899 年，他的经验来自奥地利，奥地利的思想源流与凯恩斯截然不同，与哈耶克并列的伟人还有波普尔、米塞斯、熊彼特等人。人类智慧的明星闪耀背后，其实折射出时代奇迹，天才往往扎堆出现，而哈耶克及其同侪或多或少目睹了奥匈帝国治下犹太精英最后的美好时光及其消解：哈布斯堡王朝的繁荣使得犹太精英在一代人中被迅速接纳，同时帝国的瓦解导致他们是最早被迅速抛弃的。

《思虑 20 世纪》中，将《最后的维也纳》以及斯蒂芬·茨威格的著作等作为对比案例，托尼·朱特指出战前犹太精英的同化与成就，在看似成功和谐之际已经埋下了冲突的引线与紧张的氛围：一方面，茨威格等那一代犹太精英对帝国带有强烈文化认同，他们甚至用德语写作，其创作也丰富了德语资源，茨威格不仅叙述这一段历史，甚至最终为这段历史和文化而自杀。另一方面，托尼·朱特指出他们对于帝国世界的了解，局限于维也纳、布达佩斯等"城市绿洲"，这意味着他们的了解其实存在局限，同时帝国边界的人们对他们的生活方式要么不了解要么厌恶，甚至《最后的维也纳》中，对于诸多犹太精英的身份与特征也轻描淡写，结果就是这些人怀着敬意接受了德意志文化，"但这一文化却在一代人之内拒斥并抛弃了他们"。

从这一背景可以看出，哈耶克对计划抵触，他卷入论战以及在日后写作中都非常有意针对凯恩斯，其思想脉络可以看出他对 1918 年开始的红色维也纳时期感到失望，而这场实验失败背后的政治冲突发生在城市马克思主义左派与乡村基督教右派之间，然而奥匈帝国的毁灭，恰恰使得犹太人失去了庇佑。

奥匈帝国及其代表的欧洲秩序，不仅影响了犹太精英，而且对维也纳之外的精英也有影响，《思虑 20 世纪》甚至认为"奥地利有如此丰富的内容，我们甚至无须费力就能得出相反的教训"。正是这种丰富性，不仅导致了凯恩斯和哈耶克的思想分野，也导致奥匈帝国自身不可避免的没落，这占据了历史学家尼尔·弗格森的《世界战争：二十世纪的冲突与西方的衰落》不少篇幅。弗格森强调，帝国的衰败瓦解与日益加大的社会矛盾某种程度上成为 20 世纪历史初期的断层线，从大清帝国到奥斯曼帝国都面临实力正在衰落而不是加强的问题，战争的不断冲击也意味着英国在全球殖民统治的稳态被打破。

对于凯恩斯而言，他比哈耶克年长一些，他的个人经历多少对应了那个时代在经济上的高度自信。凯恩斯不少著作带有对于战前青年时代的乡愁与眷恋，比如《和平的经济后果》就是典型，他一方面肯定当时处境的状况良好，比如伦敦居民的生活水平及舒适程度，在凯恩斯笔下胜过昔日最有权势的帝王，这就是经济增长带来的魔力，也是全球化美好的第一阶段，另一方面他也注意到了现实的挑战，"军国主义和帝国主义，种族对抗和文化对抗，垄断、限制和排斥等政治学信条，就是要把蛇带到天堂上。不过，从当时报纸上的娱乐节目看来，这些挑战根本就不会对社会和经济生活的正常进程、实际上几乎要完成的国际化产生任何影响"。——这种思路典型表明凯恩斯的思想特质，即使他天才般地感受到他的时代所遭遇的挑战，甚至成功列举日后悲剧的几大根源，但他做出了乐观自信甚至多少与现实相反的判断，这与他战前的美好经历或者说田园牧歌式的生活不无关系。

或许正是这种昔日充满希望的世界的得到与失去，使得凯恩斯的经济理念对良性政府管理抱有信心。在目睹大萧条、金本位溃败、经济崩溃，以及"一战"后的混乱，凯恩斯在 1936 年写作了《货币通论》，这本书不仅成为宏观经济学奠基之作，也成为 20 世纪社会思潮的里程碑式的著作。与哈耶克等带有古典气质的学者对于稳定的偏好不同，凯恩斯强调"动物精神"，这其实对应着资本主义天生的不稳定性。在经济学叙述之外，其作品基调被托尼·朱特敏锐地指出带有茨威格的乡愁余音，即使《货币通论》的基础也是如此，"我们曾以为一切都是稳定的，而如今我们认识到所有都在变动之中"。

凯恩斯这代人，他们或多或少目睹甚至创造了19世纪后期与20世纪初期的世界经济的融合与繁荣，当然，他们也目睹甚至卷入了融合带来的冲突与毁灭，也或多或少挽救了满地沉疴的世界。

凯恩斯与哈耶克的故事，在不同背景学者理解之下，被倾注不少智慧与情感，这既是二人的幸运与伟大之处，也是反转颠覆的20世纪的吊诡甚至悲哀之处。幸好，我们今天可以通过托尼·朱特等人的滤镜，从审视凯恩斯哈耶克大战中得到新的视角。

托尼·朱特一生的写作主题的出众之处在于秉持"Good Faith"（诚意或者精诚），这点让背景不同的托尼·朱特与凯恩斯有了共通点，他们二人都来自剑桥国王学院，而托尼·朱特最为欣赏的一句格言也来自于总结凯恩斯的话，甚至成为他的遗作《当事实改变之后》（*When the Facts Change*）的名字，凯恩斯的原话是"当事实改变了，我改变想法，阁下会如何做"（When the facts change, I change my mind. What do you do, sir）。20世纪过去了，事实在变化，又好像没变，而理念是否真的变了呢？

《思虑20世纪》是一本好看的书。它之所以好看，首先在于其专业性与宏大视野的集合，一方面是两位历史学家感兴趣的专业问题，比如犹太话题、马克思主义、奥匈帝国；另一方面也有对当下的关怀，面对身后的 20 世纪，如何做更好的辩论，正如第二作者蒂莫西·斯奈德所言，"这是一本历史、传记和道德论著。这是一部有关欧美现代政治理念的历史"。

其次，从体裁看，这本书是两位学者的对话录，第二作者蒂莫西·斯奈德不仅熟悉第一作者托尼·朱特的著作，而且从情感层面也理解托尼·朱特。

正是因为有这样的体察与相知，两人的对话虽然以托尼为主，但是莫西·斯奈德既不是一般意义上的捧哏，更不是简单的记录者。《思虑 20 世纪》一度令我爱不释手，并不在于书中提供了精彩的确定性答案，而在于通过蒂莫西·斯奈德的提问、反问与追问甚至反对，揭示了一些托尼·朱特未能意料到的问题，启发了更深的思考。这种思维方式，其实也是我们在读书中应该采用的学习模式，知识并不意味着确定性的答案。

·金句抄录·

凯恩斯与哈耶克的故事，在不同背景学者理解之下，被倾注不少智慧与情感，这既是二人的幸运与伟大之处，也是反转颠覆的 20 世纪的吊诡甚至悲哀之处。

·推荐阅读·

《思虑20世纪：托尼·朱特思想自传》

作者：[美]托尼·朱特、[美]蒂莫西·斯奈德

译者：苏光恩

出版社：三辉图书、中信出版社

第**8**章

权利的贫困才是真正的贫困

如果把时钟拨回到 1974 年，当年诺贝尔经济学奖被两位经济学家分享，这两位既相似又不那么相似。

二人年纪相当，生日只相差 6 个月，都出生在西欧，彼此从 20 世纪 30 年代就认识。与此同时，二人观点的差异性也十分明显，尤其是对于经济发展中的个人权利的看法，可谓格格不入。作为老相识，二人之间并没有进行过辩论，但是他们未能进行的辩论，却揭示了发展中的诸多问题。其中一位获奖者叫哈耶克，著有《通往奴役之路》，一直支持赋予个人权利，指出极左和极右具有本质相似性，"个人权利既是目的也是社会得以脱离贫困、走向繁荣的手段"；获奖者中的另一位是纲纳·缪达尔，著有《亚洲的戏剧》，他强调经济发展需要靠国家政府来达成而不能指望"受教育程度低、态度冷漠的公民"，他对于发展中国家的历史并不重视。

近 40 年后，在发展经济学家威廉·伊斯特利眼中，二人的组合如此迷人。二人的相似性和差异性都如此迷人，甚至他们未能发生的辩论，也被威廉视为发展经济学核心分歧的起源，促使他完成了新书《威权政治》。

除了这本书，他还有两本书为人所知，《白人的负担》与《经济增长的迷雾》。这三本书看起来各成一派，其实内涵与主题都非常一致，都是关于发展中国家如何实现经济增长，国际组织尤其国际援助能够在其中起多少作用。他认为援助基本无效的观点表达了对非洲援助现状的愤怒，典型案例是虽然国际上已经为非洲付出 2.3 万亿美元，非洲却始终处于贫困之中。

这三本书的个人风格色彩与情感含量可谓依次增强，如果《经济增长的迷雾》还只是一本发展经济学家的中规中矩的作品，虽然比较看重实际案例，而且强调必须要求经济主体对激励作出反应，这结论可以说不太寻常，但是也不算离经叛道；到了《白人的负担》，从题目就可以看出，作者不仅借助了著名诗人吉普林的名句，而且全书充满了强烈批判主流观点的意味，或许正因如此，这本书造成的影响也很大，获得了"哈耶克奖"；到了《威权政治》，火药味十足，不仅将矛头对准威权政府，也将一些看似中立的技术官僚以及发展专家推上审判席。难怪有读者在亚马逊读完之后评价五星，并建议热衷援助发展中国家的富翁比尔·盖茨好好读读这本书。

事实上，比尔·盖茨的合作者之一是来自赞比亚的女经济学家、TED演讲名人丹比萨·莫约，她写过一本畅销书《可恶的援助》，主题也是证明国际援助无效甚至起反作用。结果比尔·盖茨却批评作者不知道援助是什么，而且认为其在传播邪恶。

《威权政治》中表示提到的专家和技术官僚不是学术研究者，而是政策专家、公共知识分子、援助机构及慈善基金的员工、亿万富翁、智囊团成员等，尤其带有嘲讽口吻提到"发展界的那群人"，而威廉·伊斯特利所谓"发展界"包括政策专家、公共知识分子、经济学家及其他社会科学家。"界定某人是否属于发展界取决于他是否在以下机构担任顾问：富国政府设立的援助机构，像世界银行那样的国际援助机构、布鲁金斯学会那样的智囊机构、盖茨基金会那样的慈善机构。仅仅对发展进行纯学术研究的经济学教授不被归入发展界，除非他们为以上机构服务。"

也正因如此，《威权政治》可谓威廉三本书中的集大成者，不仅生动提供了现实经济案例，证明了发展主体的诸多迷失，而且重新回顾了援助历史中的几次经济论战，也从理论角度全面阐述了发展经济学。换言之，这本书既启发未来，也关注当下，还有历史的闪回以及对比，读起来非常容易。

比起威廉·伊斯特利之前的书，这本书或许没有石破惊天的反常识观点以及出位的研究结论，但是从经济、政治、文化等层面对发展经济学以及国际援助做出了完善的梳理。虽然作者在历次辩论中有倾向性，但是也基本给予了相反一方相对公允的意见的陈述机会，而不仅仅是宣教一般的批判或者攻击"稻草人"。

从某种意义来说，这是一本关于发展经济学的观念史的书，尤其是威权和自由之间的抗争。那么威权与自由之辩究竟如何？威廉·伊斯特利把威权与自由之争分解为三个论题：首先，白板论和以史为鉴；其次，国家福祉和个人幸福；最后，有意识地设计和自发性地解决。

作为支持自由的一方，作者认为三个论题的前者都是对个人自由的极大威胁，而后者不仅本身就有价值，更是能实现发展的手段。他强调了国际援助对于穷人的忽略尤其是对穷人权利的忽略，在对比发达国家的富人时更加明显。而这种忽略，即使在发达国家也往往存在却被视而不见。诺贝尔经济学奖得主阿玛蒂亚·森等人的诸多研究中，已经揭示穷人的贫困往往是权利的贫困，而威廉·伊斯特利展示的是这种思想为何在技术官僚以及发展专家中占据主流。

他反复强调，虽然讨论"威权与自由"，但主题绝不是"自由市场与政府干预"的老调重弹。他认为在发展领域里，"自由市场与政府干预"与"威权主义发展与自由型发展"两种争论有着千丝万缕的联系，但它们绝不是同一议题，因为前者丝毫没有涉及政府与个人的权利问题：无论支持自由市场还是支持政府干预，双方都关注到了经济自由与政治自由之间的区别，但双方都没有谈及对政府权力的限制，"无论哪方赢得这场辩论，政府仍然能肆无忌惮地侵犯个人的权利"。

也正因如此，对外援助为什么可能弊大于利，除了典型的经济学分析，其实应该还有一些政治学分析。首先，有些发展中国家往往制度不完善，独裁程度不低，国际援助通常被这些国家独裁者分配给自身以及自身利益集团，国际援助间接强化了独裁者的统治。此外，即使大部分发达国家是民主国家，在对外援助中，发达国家使用的手法却往往不那么民主，也倾向于忽略发展中国家人民的权利。

国际援助之中，梦想和现实往往存在差距，即使是专业援助机构对于穷人的认知也存在偏差。根据 2015 年世界银行的一份报告，该机构许多员工对穷人和穷人需求的认知存在"偏见"，"这些发现表明，发展专业人士所假设的穷人，可能比实际中的穷人更缺乏自主性、责任感、希望和知识，专业的国际援助机构并不总是善于预测贫穷对观念的影响"。

对比世界银行等机构绝口不提自由民主，威廉·伊斯特利重提经济自由与政治并举，强调将两者合二为一才符合我们对发展的定义。他认为个人权利既包括政治权利也包括经济权利，也就是当今成熟的资本主义民主国家一贯尊重和认可的所有权利，"它既包括保护你不被他人控制的政治自由，也包括保护你的财产不被他人掠夺的经济自由；你既有选择与谁集会的政治自由，也有选择与谁进行贸易活动的经济自由；你既有选择优质的、撤换不称职的公共事业提供者的政治自由，也有选择精湛的、剔除不合格的私人服务的经济自由"。

发展或者国际援助，一旦变成一项事业，也难免变得日渐体制化，或者说，变为一门生意。威廉·伊斯特利的做法，类似于小孩勇敢地说出皇帝没有穿衣服，其后果也很可能是相当于掀翻了整个桌面。很多人担心，在泼出去脏水的同时，可能也将孩子一起倒了出去。

对于贫困应该如何做？不少人以及国际组织认为努力尝试，总比什么都不做强。相比之下，威廉·伊斯特利认为自己不是探讨"我们应该怎么做才能终结贫困问题"，他也无意为救援人员及慈善家撰写指南，他强调行动源于原则和理解，希望重新厘清讨论发展的原则。他警告错误的行动同样很危险，一旦失败，甚至可能造成更严重的冷漠和幻灭。

威廉强调，他并不是对所有专业知识进行批判，他希望专家们能明辨是非，要避免专业知识被用来助纣为虐，"水管工能用他的专业知识为我修理马桶；医生能用他的专业知识为我开甲硝唑治愈我的贾第鞭毛虫病，对他们我都心怀感恩"。

这句话让人想到经济学鼻祖凯恩斯的一句话，他认为经济学家应该像牙医那样，既谦逊又有能力。或许在拥有能力之前，经济学家先学会谦虚一点不是坏事。

历史很大程度上由观念推动，我们聊过哈耶克与凯恩斯，也从不同立场审视过大萧条，可见并不存在唯一的最高真理，观念都是在与历史的互动中完成的，同时也塑造了社会。本章谈的是国际援助，其实和我们的生活又何尝不是息息相关的呢。

·金句抄录·

　　发展或者国际援助，一旦变成一项事业，也难免变得日渐体制化，或者说，变为一门生意。

·推荐阅读·

《威权政治：经济学家、
政策专家和那些被遗忘的穷人权利》

作者：[美]威廉·伊斯特利

译者：冯宇

出版社：中信出版集团

第 **9** 章

自由选择的愉悦

　　这一模块的主题是"市场：通往自由的经济学"，目的是让大家通过理解经济学最核心的几个维度来理解市场，这是经济学最宝贵的贡献，也是人类文明可以达成陌生人合作的基础。

　　本章推荐《欢乐的经济学》，作者是美国经济学家戴维·亨德森。戴维·亨德森是一名坚定的自由至上主义者，他出生于加拿大，不仅是理学学士，还是加州大学洛杉矶分校经济学博士。他一直为《纽约时报》等颇具影响力的媒体撰写各类专栏文章，致力于传播自由与市场的理念，文章平易近人且诙谐，属于"平民看得懂的学者"那类风格。对《欢乐的经济学》的讲解要从著名诗歌《欢乐颂》开始谈起。

　　"欢乐，欢乐，欢乐女神圣洁美丽，我们心中充满热情，来到你的圣殿里！你的力量能使人们，消除一切分歧。在你光辉照耀下，四海之内皆成兄弟。"这是德国诗人约翰·克里斯托弗·弗里德里希·冯·席勒在几百年前写下的《欢乐颂》，而据考证，根据当时席勒的本意，这首歌的名字应该是"自由颂"，据说最后把"自由"（Freihei）改为"欢乐"（Freude）是为逃避普鲁士的检查。面对地球日渐和平的今天，我们可以这样认为，"欢乐"与"自由"，本来就是一对同义词。而亨德森更是一针见血地指出，自由完全可以通过市场运作来达到，所以繁荣不过是扩展自由的必然结果。从这里，你大概也能得知戴维·亨德森的立场了。

看书要看作者背景，这样能够更好地理解作者的框架，亨德森是经济学家，也是哈耶克与弗里德曼等经济学大牛赏识的后辈，这点从他由大学校园流行的单纯理念上的自由至上到重返经济范式下的市场讨论的转化可以看出，亨德森深刻地理解到自由的实践必须依赖市场的机制。所以，他的很多公共政策观点基本都是基于一个理念：管得越少的政府越是好的政府。他以事实为例，深入剖析美国社保基金的低效率运作、强制兵役制度的疏漏、公立教育的危机。他认为在很多问题上，政府的管制不过是一种权力的介入，效用往往为负。

亨德森在《欢乐的经济学》一书中，特别讨论了不少看起来深深具备道德优势的政府措施在实施中的适得其反，比如对付歧视。政府往往会在工会的压力下推行最低工资政策，工会和政府都觉得这是保障工人权益的有效措施，但事实上，雇主往往会因此倾向于少雇用人，政策并没有激励雇主以 5 美元的价格雇用原来 4 美元的工人。这项措施不仅造成失业率的上升，而且会严重损害那些缺乏技能的工人的权益。如果更深入地看待这一问题，最低工资措施一方面剥夺了雇主自由定价的权利，一方面侵犯了愿意以最低工资水平之下薪资工作的工人的劳动自由。历史中最典型的例子就是在 1933 年，罗斯福的《全国复兴工业法》设定了最低工资，到了 1934 年，这项法律根据学者的估计已经使得 40 万黑人失业，除了直接导致失业人口上升之外，雇主在实际支付工资的过程中，也往往会通过福利、食宿等隐性手段来克扣工人的工资。

政府在政客以及工会的推动下，有意无意地推动了种族歧视，难怪弗里德曼认为政府行为对价格的歪曲是对自由市场制度的主要干扰源。正如经济学大师阿尔钦所分析的，歧视与竞争同生，所以歧视无处不在，种族、国籍、年龄、性别、性取向、经验、教育，比比皆是。如果以行政力量去抑制歧视，往往效用不大，因为政府在实施一项抑制歧视的法律时，往往扩大歧视或者把合理的歧视非法化——比如拒绝雇用有严重犯罪记录的工人，这些规定往往忽略了雇主的自由，同时也导致劳动力市场的萎缩。我们不要忘了，任何歧视都是一种要付出成本的行为，这是贝克尔反复证明过的。所以在自由市场中，在利益面前，生产者的歧视是由自己买单，所以利用自由市场机制是消解歧视最直接有效的方式。

实施最低工资价格弊大于利，这是经济学上的通识，密歇根大学的劳动经济学家马克·马洛赫·布朗的研究更是指出，最低工资线每提高 10 个百分点，青年就业率就会减少 1% 到 3%。可惜很多西方国家至今仍旧实施最低工资政策，难怪张五常在谈到这个问题的时候感叹，即使经济学在西方发展了 200 多年，但是政府视之亦不过如此。亨德森当然是明白这个道理的，所以他一直反复强调公民要树立"你属于自己"的观点，利用联合的自由来争取自己的权益。经济学或多或少有市场原教旨的倾向，所以在倡导个人自由方面也不遗余力，自由选择的理论大行其道的背后还是依赖于市场的自由化，但是当制度并不完善的时候，市场往往会成为权力寻租的场所，这样市场自然是背离自由选择意志的。

不少人应该听过一句话，"经济学是一门沉闷的科学"，这出自 19 世纪的历史学家托马斯·卡莱尔。这句话被广为引用，但卡莱尔对此的解释却一直语焉不详，亨德森为经济学正名，他考据之后认为这句话仅仅是因为当时的经济学反对奴隶制而已，卡莱尔则认为这很无聊，可见公众对经济学的误解有许多源自以讹传讹。经济学迷信利益，这一定律在经济学诞生那日就已经存在，亚当·斯密坚信一个"只盘算他自己的得益"的人，受一只看不见的手指引，达到一个同他的盘算不相干的目的；而一项交易，即使我们看起来某方明显吃亏，但是只要交易实现，那么就说明双方都从交易中获得了效益——自由市场的欢乐由此而诞生。

回到《欢乐颂》，1989 年柏林墙倒塌之后，伟大的指挥家伯恩斯坦将交响曲中席勒的《欢乐颂》改为《自由颂》，当时有超过 20 个国家和 1 亿观众通过电视转播收看了这场盛况空前的音乐会，自由的颂歌几乎传遍整个地球。我相信贝多芬能够理解伯恩斯坦的改动。

回顾第一模块，我们讲了亚当·斯密，讲了凯恩斯，讲了哈耶克，讲了大萧条，聊了分工与合作，还从不同维度去理解凯恩斯和哈耶克的大辩论，最后回到了《欢乐的经济学》这本书。其实归根结底，都是为了让大家从经济学、历史、现实等不同方面来理解市场，这是经济学最宝贵的一课。

小说家伏尔泰说过这样的一句话，走进伦敦股票交易所，犹太人、伊斯兰教徒和基督徒彼此做生意，好像他们信奉同一种宗教一般，唯一的异教徒是破产。

制度

国家何以增长衰败

第1章

西方为何兴起：李约瑟之谜与东西方大分流

通过第一模块的学习，我们理解了市场的价值，本模块的主题是"制度：国家何以增长衰败"，目的是让大家从增长的角度来理解经济。如何解释东西方文明的发展，为什么有的国家富裕，有的国家贫穷，导致这一不同结果的关键在哪里？

在经济史上，存在两大著名问题，即韦伯疑问与李约瑟之谜。德国社会学家马克斯·韦伯曾经提出疑问，工业革命为何没有首先发生在孕育了资本主义萌芽的中国？而李约瑟之谜则是，尤其考虑到中国在宋代时曾经一度领先世界很多，为何在前现代社会时期中国科技遥遥领先于其他文明，而在现代中国的科技水平不再领先？

涉及增长的话题如此令人着迷，不仅直接影响当下人类福利，也间接影响社会与文明的进化。无论理性预期学派代表人卢卡斯抑或索洛增长模型的发明者索洛，都说过类似的话：一旦一个人开始思考经济增长问题，他就不会再考虑其他任何问题。

先看经济史的数据，经济史学家安格斯·麦迪森给出了证据——他是这个领域非常有影响力的人。他的数据指出，在公元1—2世纪，汉朝和罗马帝国处于同一发展水平，人均收入水平基本一致，而且直到1820年，中国仍是世界最大的经济体，GDP总量占世界GDP总量的32.4%。而在过去200年，在全人类经济发展水平出现质的飞跃时，东方和西方力量对比却发生了巨大变化，有人称之为东西大分流。究竟是什么状况导致了这种变化？更值得注意的是，为什么这样的经济崛起其实主要是发生在西欧呢？

研究成功比研究失败更具有普遍意义，也正因如此，比起研究中国在大分流中的表现，其实西欧的成功更值得研究。就某种程度而言，封建时期中国的失败并非特例，相反是普适性的，更值得深究的是西方成功的特殊性。换言之，比中国特殊论更值得讨论的是西欧特殊论。

西方为何崛起？对此卡尔·马克思、道格拉斯·诺斯、马克斯·韦伯等人有不同解释。马克思在《共产党宣言》中说："资产阶级在它的不到一百年的阶级统治中所创造的生产力，比过去一切世代创造的全部生产力还要多，还要大……仿佛用法术从地下呼唤出来的大量人口……过去哪一个世纪料想到在社会劳动里蕴藏有这样的生产力呢？"

追溯历史，有数据统计显示，西方的变化从更早期就开始了。诺斯认为公元1500年被历史学家普遍看作中世纪社会和近代社会之间的分水岭，"这一新时代的最初两个世纪在历史上非常重要，发生了一系列不同寻常的事件，如价格革命、商业革命、宗教改革、文艺复兴、地理大发现、新大陆殖民、世界贸易的发展以及作为欧洲政治组织的最高形式的民族国家的出现"。

这里讲的是社会变迁，而从金融角度，从笔者梳理的情况来看，双方的金融大分流其实早于经济大分流：最早从 12 世纪已经开始了，中国从纸币走向贵金属货币，而西欧则开始从贵金属铸币系统发展出银行体系，最终发展出现代银行券纸币。

诺斯指出，上述罗列种种，不过是用来解释西欧崛起的原因其实只是经济增长的现象，这些现象之所以在现代社会呈现出来，本身就是一个应该回答的问题。值得一提的是，诺斯可谓正统的叛逆者，他在 73 岁的时候获得了诺贝尔经济学奖，在 2015 年以 95 岁高龄去世，去世之前仍旧在做学术研究，开创了产权理论、国家理论、意识形态理论等制度变迁理论。

从经济和制度变迁的角度解析这一问题，其《西方秩序的兴起》《社会秩序与暴力》等著作都值得注意。诺斯的理解对于重新理解人类历史以及经济增长非常重要，他的研究指出，有效率的经济组织非常重要，除非现行的经济组织是有效率的，个人受刺激的驱使去从事合乎社会需要的活动，否则经济增长不会简单地发生，"应当设计某种机制使社会收益率和私人收益率近乎相等"。这其实就是激励兼容的道理，很多经济史的证据也指出，其实蒸汽机等技术在工业革命之前已经存在，但是需要等待经济、金融、社会各类制度匹配的时候，以蒸汽机为代表的技术革新才能作为工业革命的明星大放异彩。

更进一步说，经济组织是否有效其实是一个进化的过程，而这一进化需要制度变化作为其基础。那么，历史上制度变革是如何衍生的呢？

关于历史，经济学家或许能够提供一些新的角度与知识，而历史学家则能够提供更宏大的视角与更丰富的细节。因此除了经济学家的解释，历史学家的解释也值得注意，比如历史学家尼尔·弗格森。作为风头正劲的历史学家，弗格森的理论系统虽然曾受诺斯启发，但是更为丰满，他认为西欧的胜出首先在于竞争，这其实在于地理因素：西欧始终处于分裂的状态，中国大部分时间处于统一的状态，而分裂既带来战争，也带来竞争。

其次，东西方不同的战争模式也使得双方在军事组织与演进上表现不同，欧洲的战争很大程度依赖军事组织能力，尤其是对器械的倚重导致战争更加依赖于财政收入，而中国的战争则主要依赖人力。

最后，则是战争引发财政安排的变化，尤其是在财产权方面的变化，即国王对贵族的让步巩固了欧洲自古以来的财产权传统，这也与欧洲保持了比较完整的封建制度有关——值得一提的是，这里的封建制度是建立在真正的土地的"封"与"建"之上，这才会有类似《冰与火之歌》中的场景，下级领主对上级领主的效忠甚至凌驾于对国王的效忠之上。

那为什么西欧的英国而不是其他国家发生了工业革命呢？在

英格兰，财产权的变化还影响了其财税金融体系。当时法国等大陆国家流行包税制，而在英国，随着议会权力的壮大，英国国王让渡财权，英国得以发展出独立而高效的征税体系。具体从货币金融体系而言，从威尼斯、荷兰到英国的欧洲金融史是一个连续发展的历史，彼此学习接棒，甚至可以说是一个完整的顺理成章的过程，最终在英国发育出包含中央银行的现代银行体系。正如笔者在金融史著作《货币王者》中所言，货币和金融体系的改革，很大程度上促进了现代经济制度在英国的建立，经济大分流之前已经有金融大分流——或者说，在工业革命之前，已经有了一场金融革命，这样才能为随后的工业革命提供资金以及信贷等支撑。

从更为宏观的角度来看，诺斯和尼尔·弗格森的观念在解释西欧崛起上其实可以整合起来理解。在理解制度变革方面，弗格森阐述了英国独具特色的四角机制，即税收署、议会、国债体制、英格兰银行所构成的四角，这四大制度彼此支撑制衡，比当时其他任何国家的机制都要优越。相比之下，法国虽然人口多、国土广，但落后于英国，这在于其制度基础：法国建立在出售官爵和税款包收基础上的私营化的财政收入体制，导致国债体制零乱且昂贵，并且缺少和中央银行一样的货币管理机构。

综合来看，分裂中的欧洲经过竞争加速了制度变迁，大一统的中国则按照既定逻辑前行。在前现代时代地理因素有着今天任何因素都难以比拟的力量，这也许可以解释中西金融大分流与经济大分流发生的部分原因。

·金句抄录·

　　研究成功比研究失败更具有普遍意义，也正因如此，比起研究中国在大分流中的表现，其实西欧的成功更值得研究。

·推荐阅读·

《西方世界的兴起》

作者：［美］道格拉斯·诺斯、［美］罗伯斯·托马斯

译者：厉以平、蔡磊

出版社：华夏出版社

·延伸阅读·

《经济史中的结构与变迁》

作者：［美］道格拉斯·诺斯

译者：陈郁、罗华平

出版社：上海三联书店

《制度、制度变迁与经济绩效》

作者：［美］道格拉斯·诺斯

译者：陈昕、杭行

出版社：上海三联书店

第 **2** 章

财富大爆炸背后的秘密

本章开始之前，我们先来看一组数据，在公元 1500 年，北京是全世界最大的城市，人口近 70 万人，当时伦敦人口仅有 5 万；在 400 年后的 1900 年，维多利亚时期的伦敦以超过 600 万的人口，一举成为全球中心，当时美国人均富裕程度是中国人的 73 倍；又过了 100 多年，在 2010 年中国经济体量超过日本，成为世界第二经济大国，甚至很多人认为，如果调整汇率，中国或许已经超过了美国。

那么，从西方到东方，经济增长背后的原因是什么？历史学家尼尔·弗格森在《文明》这本书中认为，西方之所以能在公元 1500 年后崛起并领先，其根本原因在于体制革新，他将此总结为六大"撒手锏"，具体如下：

一、竞争：欧洲的政治处于割据状态，形成多个君主制国家或共和制国家，其内部又分割为多个相互竞争的集团，现代商业集团便发轫于此。

二、科学革命：17世纪，数学、天文学、物理学、化学和生物学的所有重大突破均发生在西欧。

三、法治和代议制政府：这一先进程度远超封建制度的社会政治秩序出现于英语国家，它以私有财产权以及由选举产生的代表着财产所有者的立法机构为基础。

四、现代医学：19世纪和20世纪医疗保健的所有重大突破都发生在西欧和北美，其中包括对热带疾病的控制。

五、消费社会：随着工业革命的兴起，以棉纺织品为发端，涌现出大量提高生产力的先进技术，同时对物美价廉的商品的需求也随之扩大。

六、工作伦理：西方人最早将更广泛而密集的劳动和更高的储蓄率结合在一起，从而促进了资本的持续积累。

尼尔·弗格森认为几百年来，这些撒手锏为欧洲或派生的北美及澳大利亚所独享，而从日本开始，非西方国家相继模仿而且成功运用这些撒手锏，中国也在1978年实行改革开放后开始崛起。这些后发国家能成功，其中一半的原因便是这些国家成功地借鉴了西方经验，而另一半原因则是西方国家自身却在不断摒弃这些成功的秘诀。

尼尔·弗格森是历史学家，他对于历史的经济认识很多是基于经济学家诺斯的框架，弗格森比较独到的地方在于对金融史的研究。竞争、科学革命、法治和代议制政府等六大观点看起来复杂，其实本质还是拓展了诺斯以产权为基础的制度经济学。

如果说过去的增长基于制度，那么展望未来，繁荣的根基又是什么？关于经济增长的根源，经济学家诺斯与历史学家弗格森等人强调产权，也有经济学家强调自由，尤其是观念的自由交换。

从历史来看，人类变得富足是最近两三百年的故事。美国经济学家戴尔德丽·麦克洛斯基的数据显示，过去 200 年中，全球人均日收入提高了 11 倍，从 3 美元变为 33 美元，而且某些国家增加更多，高达 30 倍，比如美国、日本。在这一时期，人类财富的积聚增长被称为"财富大爆炸"，她认为这是人类历史上的伟大事件，意义堪比人类开始种植谷物、饲养家畜等大事件，超过战争以及各类社会变化，而且这一伟大事件甚至会重启历史，并终结贫困。

什么因素导致了财富大爆炸？戴尔德丽·麦克洛斯基强调几乎没有公共政策对"财富大爆炸"起了促进作用，而且财富并非来自慈善，而是来自生产力的提升。戴尔德丽·麦克洛斯基的著作很好地解释了这一观点，光从书名就可以看出端倪——《资产阶级的平等：不是资本或制度，而是想法让世界富了起来》。除了资本以及制度等因素，她赞同记者马特·里德利的看法，即想法之间的融合或者说"交配"诞生了各种技术进步，从而启动了财富的大爆炸。后者认为各种驱动经济创新的力量源自自由，甚至政府的作用并不是指挥发现或发明，而是保证不阻碍它们自由融合。

从全球人口变迁以及人均收入的变化，我们可以看到全球经济规模在最近 300 年内的增长，这凸显了传统经济与市场经济的绩效之间的差距。为什么强调人均增长，或者说人均收入为什么重要？对于经济学而言，唯有长期的人均收入增长代表了增长。这一概念才是能够衡量真实增长的标尺，正如经济学家诺斯所言，"说到经济增长，我们提出人均收入的长期增长。真正的经济增长意味着社会总收入必然比人口增长得更快。另一方面，停滞状态则导致人均收入的非持续的增长，虽然平均收入在时间相当长的周期中可能有升有降"。

工业革命在欧洲爆发之前，经历了长期酝酿与发展，其结果让欧洲国家领先全球其他国家。它们的领先对于其他国家并非没有好处，它们先走一步扩张了空间，领先的技术以及流程可以被后发国家学习，创造和模仿成本不同，效果是差不多的，发展中国家也就有了更好的条件脱离马尔萨斯陷阱，带来全球人类福利的提升。

最典型的体现就是后发国家的追赶。发达国家先行一步，第三世界奋力追赶，这构成了 20 世纪经济史的奇观。按照哈佛大学学者罗德里克定义，"加速增长"为人均 GDP 增速高于 5 年前 GDP 增速 2% 以上，且持续保持 8 年以上。如此定义之下，他的研究指出发展速度跃升在全球发生了 83 次。而根据世界银行定义，第二次世界大战战后 13 个经济体升级成为高收入经济体，包括曾经的"亚洲四小龙"。那么这些后发国家和地区成功案例的共同点是什么？

研究指出其成功经验可以简单总结为三点：外向型经济政策、财产权保护和宏观经济环境基本稳定。这三点其实很有道理，发展中国家实现经济赶超，都需要这三个条件。

在追赶的篇章中，中国在其中占有巨大篇幅。改革开放以来，中国居民收入保持了年均8%以上的快速增长，2010年中国取代日本成为世界第二大经济体。中国的持续增长引发中国模式乃至中国第一的猜想，未来也会持续成为经济学家们研究的对象。

回顾历史，可以看出有效率的组织决定经济增长，这种经济增长的诞生本身就是一种历史进程，率先出现在欧洲。换言之，没有现代经济组织，就没有现代意义的经济增长，而真正意义上的现代增长则导致财富积累或人均收入增加。值得注意的是，财富爆炸在过去两三百年成功延续了资本主义的生命，随着经济增长的停滞，财富分配是否会重新成为一个问题？ 2016年召开的杭州G20峰会也聚焦包容性增长，主题演讲强调当前世界基尼系数已经达到0.7左右，超过了公认的0.6危险线，呼吁各国高度关注。

无论诺斯、弗格森还是麦克洛斯基，经济学家的追问和回答不仅具备理论深度，也较好地解释了现实。在增长的拼图中，却永远有缺失最后一块的感觉，新的解释也不断涌现，从法治到技术再到自由等。的确，有洞察力的观念永远不会嫌多，更多的解释其实是在彼此支撑延展。

·金句抄录·

　　没有现代经济组织，就没有现代意义的经济增长，而真正意义上的现代增长则导致财富积累或人均收入增加。

·推荐阅读·

《文明》

作者：[英] 尼尔·弗格森

译者：曾贤明、唐颖华

出版社：中信出版社

第 **3** 章

从美国重新理解新经济

前面章节谈到了全球增长，涉及西方这一概念，其实所谓西方，过去是指以英国为首的国家集团，现在很大程度是在说以美国为中心的国家集团。所以说，如果不了解美国经济，其实没法单独谈中国经济。

我们先看身边的一个案例。近年来伴随着经济增速放缓与新经济爆发，中国也出现一种新说法：新经济看起来那么火热，宏观经济却不好，数据统计肯定遗漏了新经济相关的数据。

这种看法好像有道理，但其实并不准确。关于新技术与增长的关系，其实经济学界早有讨论。一个比较著名的观点来自经济增长理论巨擘罗伯特·索洛，他说"到处都可以看到计算机时代，但在生产率统计数据中看不到"。

索洛是现代经济增长理论之父，并因此获得诺贝尔经济学奖。这一话题按道理没人比他更有发言权，但是现在来看，他错了。他的困惑是在20世纪80年代发出的，到了20世纪90年代，没多少人再抱怨计算机带来的增长没有被统计进入经济数据。由此可见，不仅从发明到应用有时间差，从应用到广泛提升经济绩效也有时间差。诺贝尔奖得主都会犯错，所以我们更应该对新技术多点耐心，对经济统计方法多点信心。

在中美贸易摩擦之前，重新理解美国经济分外重要，经济学家罗伯特·戈登的著作《美国增长的起落》值得关注。戈登出生在经济世家，又是索洛的学生。对于技术的态度，他和索洛有些接近，认为美国经济近年来增长放缓，根本原因之一就在于大家觉得新技术没有想的那么神奇。

最极端的例子，戈登曾经问大家，到底要智能手机还是要马桶？这种极端化的选择，蕴含了对于娱乐等技术的不以为意，更重要的是从历史角度长时段审视经济增长，在这样的情景下，对新技术也见怪不怪了。

不过，相比索洛，戈登不仅依靠直觉与逻辑，还有数据和历史。在《美国增长的起落》中，戈登详细考察了美国1940—2014年参差不齐的发展情况。他发现，从增长历程的不同维度来看，1940年以来的几十年，并没有发生1870—1940年那样的革命性变化。

更突出的是，1970年成为分界点，即成为增长较快和较慢的分界点，此前增长迅猛，此后增长一直放缓。原因何在？视线要回到1870年到1970年，这一被称为"特殊世纪"的一百年分为两个阶段，前 50 年和后 50 年。

第一个 50 年，大事件主要是第二次工业革命。第二次工业革命的官方定义是指 19 世纪中期，欧洲国家和美国、日本的资产阶级革命或改革的完成，促进了经济的发展。这一时期是美国历史上生产率提高最快的阶段，人类生活的绝大多数维度都发生了翻天覆地的变化。

从 1920 年到 1970 年，是第二个 50 年，看起来增长很快，源自第二次工业革命的发明。这期间的诸多发明，其实也是依靠第一个 50 年聚集的动能。

20 世纪 70 年代之后，计算机及信息技术革命被称为第三次工业革命。第三次工业革命被普遍认为释放了个人生产力，带来诸多革命性变化。相比之下，戈登对第三次工业革命的评价并不高，他认为对比第二次工业革命带来的革命性变革，此后的变化更多是渐进性的。第三次工业革命虽然在娱乐、通信和信息技术等对生活有高度影响力的领域表现不错，这或许是人们印象深刻的感受的唯一来源，但对生活水平的影响并不如先前的电力、内燃机、自来水、预期寿命延长，以及"特殊世纪"的其他伟大发明。

众所周知，人均产出增长等于劳动生产率增长加上人均工时增长。戈登发现，从 20 世纪 60 年代末开始，劳动生产率增长明显趋缓，人均产出增长与劳动生产率增长、人均工时增长在 2000 年之后持续急剧下降。正如经济学家保罗·克鲁格曼所言，

"生产率不等于一切，但从长远来看，它几乎意味着一切"。上述现象，都说明了美国经济生产率在持续不断地放缓，这给未来经济增长的预测蒙上了一层灰色。

关于美国经济，一直有类似争论。一种说法是美国经济正处在新一轮技术革命前夜，奇点即将临近，这种看法在产业界比较多，经济学家当中有支持者，历史上也有先例，比如 20 世纪 20 年代电力普及前，美国的经济增长也曾经出现停滞；另一种说法则认为美国经济进入大停滞或者长期停滞，因为促进经济增长能够方便采用的技术和手段已经被人们使用殆尽，未来获取新增长动能越来越难，这种说法在经济学界有不少拥护者，比如劳伦斯·亨利·萨默斯和理查德·塞勒。

自然，还有一种说法是统计问题导致的，但在美国这种争论已经很少了。原因在于，如戈登所言，1970 年之后统计误差在缩小——更重要的是，经济学已经证明，就算是低估新技术行业生产率，其实也意味着高估了其他行业生产率，调整之后对结果影响不大。

美国经济值得关注的原因是截至新冠肺炎疫情暴发之前，美国是保持持续增长的大国，也在不断拓展新的技术边界，其余国家的成功模式，其实都是处于追赶美国的路径之中，谁最靠近美国，谁就越成功。因为中美贸易摩擦，大家都希望了解美国经济，事实上无论有没有贸易摩擦，了解美国经济都是了解世界经济的关键。

从人类历史来看，尤其 20 世纪之后，其实从后发经济体的成功表现来看，其路径就是追赶美国，从欧洲到曾经的"亚洲四小龙"，再到中国大陆。越成功的国家和地区，人均收入越靠近美国的水平，然而多数人口大国，人均收入都低于美国，并且在追赶美国的过程中，越过某一个阶段就会停滞。如果此时的人均收入水平类似拉美的水平，就是中等收入水平，如果类似日本或者英国，那么就是停滞。

也正因如此，如果美国经济生产率放缓，其实也意味着全球经济的放缓。如今，中国也在重复第二大经济体追赶美国的历史，中国比美国人均收入低很多，但是中国人口比美国多 3 倍，中国 GDP 能否超过美国一直是经济学界的重要讨论议题，中国增长之路能否避免追赶过程中的停滞，引发了新的争论。

以中国的水平，GDP 增速降低到 5%—6%，相比海外也是很高的水平，但是习惯了 8% 甚至两位数的高增长惯性，使得很多人不习惯。随着中国经济放缓，除了有开篇所谓"新经济没被统计纳入"的声音，现在也开始重新审视平台经济，人们觉得大型平台企业（比如"BAT"等巨头）压低其他经济利润，挤出其他企业。

我认为，还是应该落脚于平台经济的特性来综合考虑：首先，平台企业是竞争形成的，其中不少是民营企业；其次，平台企业在 2009 年之后的快速成长很可能是比四万亿计划更积极的经济复苏因素；最后，平台的挤出效应存在，但是集聚效应也存在。平衡之下，对于经济的正面效应不应小于负面。

　　这其实也不新鲜，本质都是在讨论新技术能否彻底改变人类命运，还是仅仅带来无关紧要的娱乐？答案可能在两者中间。对于美国经济，我的结论是，美国经济也处于新常态，中短期很难有类似新经济临近那么神奇的表现，也没有真正陷入长期停滞的悲观预期。当然，不排除革命性的技术在中期涌现。

　　新技术当然很重要，但是人类事先的判断往往不可靠。每一代新技术都有被高估的嫌疑，同样，革命性的技术诞生之初也往往被忽视。过去的飞机、火车甚至电梯，放在今天司空见惯，但在发明之时都是划时代的发明。我们早已经忘记，过去的生活方式何等贫乏，这种情况下，读一些经济历史相关的书籍很重要。

· 金句抄录 ·

美国经济也处于新常态，中短期很难有类似新经济临近那么神奇的表现，也没有真正陷入长期停滞的悲观预期。

· 推荐阅读 ·

《美国增长的起落》

作者：[美] 罗伯特·戈登

译者：张林山、刘现伟、孙凤仪

出版社：中信出版集团

第4章

创新如何决定增长：资本主义的灵魂与宿命

这一章谈谈国家何以增长，需要说明的是增长需要制度环境支持，而这种制度环境其实是多种多样的，创新也是其中一种。

宏观经济学很难，难在没有标准答案。人们常常开玩笑说宏观经济学可以年年都出同样的考题，因为答案每年都不一样，经济增长理论也不例外。诺奖得主罗伯特·索洛曾经说过一旦你开始思考增长问题，你就无法思考其他问题。他的理论关注资本形成。然而后起之秀保罗·罗默则表示一旦开始考虑增长，你就得考虑技术。上述两位都是得过诺贝尔经济学奖的，本章介绍的是《创新：经济增长的奇迹》的作者威廉·鲍莫尔，他的说法更有趣，一旦开始考虑技术，你必须考虑创新，创新不仅能够产生经济增长奇迹，也是资本主义能够不断保持活力的根源。

威廉·鲍莫尔于 2017 年去世，生前是纽约大学经济学教授，出版了 30 余本著作。我读过鲍莫尔不少著作，也撰文推荐过他的《历史上的企业家精神》《好的资本主义，坏的资本主义》等书，多年前还就资本主义等问题采访过他。我最开始没注意到他的年纪这么大，直到 2018 年他不时有新的著作出版与再版，我才意识到原来他出生于 1922 年，去世的时候已经超过 95 岁，但其晚年精神与风范保持了长青，90 岁后尚有著作出版。从某种意义上说，创新的常规化，显然也映衬在鲍莫尔的人生中，对他来说，创新常规化不仅为资本主义带来活力，在他的人生中也发挥了相似的作用。

我观察到，现在活跃在公共领域的一些著名美国学者，尤其是跨学科领域的，多少都有在英国学习的背景，比如因《枪炮、病菌与钢铁》闻名的美国演化生物学家贾雷德·戴蒙德的博士学位是在英国获得的，而伊恩·莫里斯、尼尔·弗格森等人则是出生在英国，在英国受教育并在美国大放异彩。我猜想，这或许是源自两国博士培养制度的不同，英国相对个性化，而美国相对标准化。

鲍莫尔早年在纽约大学获得本科学士学位，随后在伦敦政治经济学院获得博士学位，他的思想源流不仅来自熊彼特、凯恩斯、庇古等欧洲经济学家，他本人的思想也影响了詹姆士·托宾、让·梯若尔等经济大家。从资历和成就看，鲍莫尔的实力不容置疑，难能可贵的是，或许基于他的微观理论背景、欧洲学习经历以及业界观察，他的研究与现实世界关系密切。他在劳动力市场和资本市场等领域早有成就，近年来则在企业家精神和创新理论上着力颇多。

回头来看这本鲍莫尔在其 80 岁时出版的《创新：经济增长的奇迹》中，鲍莫尔承认自己也像考卷答案年年变化的教授，该书与其早期的著作大不相同，目的其实是为资本主义定性，即典型的资本主义经济与所有其他经济体系的重要差别在于，自由市场中存在的压力迫使企业不断进行创新，而创新对许多企业而言是生死攸关的。

如果说道格拉斯·诺斯、戴维·S.兰德斯等经济史学家探究（或者说解释）西方近几百年何以发展，而索洛与罗默等主流增长理论经济学家则关注眼下增长的模型化，鲍莫尔则试图在二者之间活动，将自身理论整合进主流框架。

创新为什么如此重要？最著名的回答无疑来自奥地利学派的熊彼特。熊彼特最出名的理论提出了创造性破坏的概念，正是这种创造和破坏构成了资本主义本质，不断破坏旧的经济结构，从内部创造新的经济结构，是创新而不是价格竞争发展了资本主义。正如其在 1947 年所言，"一旦神圣的理论将质量竞争和营销努力融入其内，价格这个变量的支配地位就将被取代……然而，资本主义的实际情况同教科书中描述的并不相符，在资本主义市场上真正占主导地位的并不是书中所说的那种竞争，而是新产品、新技术的竞争，这种竞争要求竞争者必须掌握决定性的成本和质量优势，与此同时，这种竞争冲击的并不是现存企业的盈利空间和产出能力，而是它们的基础和生命。这种竞争比所有其他方式都要有效，这就好比用大炮轰一扇上锁的门是打开它的最有效的方式"。

熊彼特的理论在 20 世纪被提出之后，对于业界以及思想界有诸多影响，然而主流增长理论对此视而不见，毕竟缺乏价格竞争的一般均衡理论将丧失其基础。也正因如此，鲍莫尔的《创新：经济增长的奇迹》可谓延续了熊彼特精神，他不仅多次引用熊彼特的理论，而且拓展出更为明确丰满的框架。

熊彼特之后，更关键的问题在于创新的动力学原理，即更进一步，探究是什么力量带来的创新，又是如何影响整个经济运行的？或者说，资本主义为何能够持续保持创新？

鲍莫尔提出了三大论点，首先，在熊彼特基础之上，他厘清了一个常识，竞争的主要武器不是价格而是创新。

其次，当创新日益可以被预测而且无法避免，这种情况下企业很难依赖独立创新，必然将创新纳入企业的日常管理以及计划，这意味着企业内部系统化的创新活动。也正因如此，企业管理者不得不支持创新活动，任何创新的示范效应都会导致竞争对手的跟随与效仿，最终造成企业之间在创造和运用创新上的协作。以美国为例，工业中用于研发的资金（以 1992 年美元计算），在 1970 年至 1998 年，从大约 340 亿美元增长到近 1330 亿美元，增长了近 3 倍。更为重要的是，私人部门主导研发成为主流，1998 年美国大约 70% 的研发是由私有企业资助的，而工业中的研发由私有企业赞助的甚至接近 75%。

最后，创新的反馈机制不仅带来经济的增长，例如美国在

20世纪下半叶25年内一度保持平均4.8%的实际增长率水平，而且导致资本主义的创新成为整个经济体常态，从单个企业单个行业蔓延到经济的方方面面。"在发展最快的经济部门，企业间展开了异常激烈的军备竞赛，其中最重要的武器便是创新。""与此同时，一家创新企业可以通过以合适的价格将其专利技术转让他人来获得收益，从而导致企业之间在传播技术方面进行广泛的合作，而这又将在更大的范围内加速原有产品和生产流程的更新换代。"

伴随着第二次世界大战之后的经济增长，增长理论在20世纪50年代与20世纪60年代成为热点，随着索洛的发现以及《经济增长理论：一种解说》出版，索洛自己也认为在1970年前后，这一代人的经济新思想已消耗殆尽；随后则是罗默在20世纪80年代的发展，在传统新古典的资本和劳动之外，加上了人力资本以及知识。

经济学对于增长的思考也经历了几个阶段。简而言之，最早的哈罗德—多马模型关注的是储蓄与投资，而索洛模型关注资本形成，改变了增长理论的格局，随后罗默的内生增长理论则关注资本积累不能解释的技术部分，这些理论奠定了主流增长理论的基础。罗伯特·索洛因为其发现，成为1987年诺贝尔经济学奖得主，而保罗·罗默则作为新增长理论的主要建立者之一，成为世界银行首席经济学家。

关于增长理论，后续也有发展经济学等补充发展，甚至中国诞生了新结构经济学，但始终未能持续成为主流。索洛在 20 世纪 90 年代一次采访中，表示内生增长理论带来的新东西比他希望的要少，索洛曾经说自己将技术作为外生变量，是因为他缺乏对于技术变革力量的提问，"当你开始询问是什么真正决定技术知识的积累，如何才能为人力资本建立模型，那时你才开始进入真正有趣的领域"。这个问题的答案，或许还是应该回到创新。

一旦开始考虑技术，你必须考虑创新，创新不仅能够产生经济增长奇迹，也是资本主义能够不断保持活力的根源。

《创新：经济增长的奇迹》

作者：［美］威廉·鲍莫尔

译者：郭梅军、唐宇、彭敬、李青

出版社：中信出版社

第**5**章

大历史之中的中国故事

谈英国和美国，最终都是为了谈中国。

中国崛起的故事，经济是最重要的一个维度。今天人们都在谈论新常态以及 L 形走势，其实不如回顾过去寻找答案。让我们将视野放宽，以更长的时间跨度来审视中国过去的发展历程，这样我们再来思考应该如何看待中国经济的成功。如果从经济史的角度来看，将中国和西欧近 2000 年的人均收入数据进行对比，我们可以看到在 1960 年之前，中国人均收入基本静止在一条水平线之下，陷入马尔萨斯陷阱或者低水平均衡，即经济增长导致人口增长又导致了人均收入下降，即使有经济增长，也没法增加人均收入。

数据记录的是最真实的历史。前几章已经提及，经济史学家安格斯·麦迪森有很多关于这方面的研究，谈经济史基本绕不开他的估算，他的《中国经济的长期表现》与《世界经济千年史》

这两本书，可以当作长期的参考工具书。麦迪森是这个研究领域的，但是他的数据主要是用于参考，他的书的意义主要就是提供参考。

他指出，到 1953 年，欧洲的人均收入为 5664 美元，按照 1990 年的美元价值计算，大约是同期中国人均收入 297 美元的 19 倍；到了 1980 年，差距被进一步拉大到 25 倍。之后的 40 年中国奇迹诞生并且一直将势头延续了下去，1980 年中国人均收入约为西欧公元 1000 年的人均收入水平，到 2010 年，中国人均收入已经达到西欧 1955 年的水平。

回顾历史，直到 1820 年之前，中国人均收入近乎没有增长。有研究指出，欧洲人均收入在很长时间里略高于中国，比较例外的情况出现在宋代。粗略来看，当代中国经济增长在 1980 年之后的 40 年中保持年均约 10% 的增速。欧洲人均收入水平从 400—500 美元起步，花费了 900—1000 年的时间达到现在的水平，而中国达到相同的人均收入水平只花费了 30 年。从这个意义上讲，中国自改革开放以来的几十年，实现了欧洲接近 1000 年的经济增长。

也正因如此，1978 年之后中国发生的变化是剧烈的，从 1978 年年底开始改革开放到 1993 年中国实现了 15 年年均 GDP 9.7% 的高速增长。某种意义上，这是一个奇迹，按照林毅夫、蔡昉等所写的《中国的奇迹》来说，一个底子薄、人口超 10 亿又处于转型期的国家，取得这样的成绩在人类经济史上是前所未有的。

我认为，有这样巨大的变化其隐含的逻辑并不是中国奇迹这一句口号那么简单，我们应该重新理解中国的高速增长，一个很好的切入点就是从生产可能性边界拓展的角度看待经济增长。本章谈的内容，是基于数据之上的理解，并不拘泥于一本书，可以说是这一模块比较理论化的综合部分。回头来看，所谓生产可能性边界，就是在目前的技术水平和生产水平下，一个经济体能够提供的最大产出的组合。

把生产可能性边界看作一条曲线，坐标轴简化为消费品和资本品，那么投射在二维平面上的就是一条椭圆线。这就类似大炮和黄油的关系，要多生产大炮，就减少黄油产出，如果要生产黄油，就要减少大炮产出，比如美国平时消费品生产很多，但是战争时就减产了很多。

这个概念有什么价值呢？经济增长最不会引起误解的定义，是生产可能性边界的扩张。首先，这一概念可以更好地区分某一举措是否可以带来经济意义，例如让一名工人挖坑再埋上，或在没人经过的地方修桥，按照凯恩斯理论的定义，如上行为是可以带来经济增长的，但是按照生产可能性边界的定义，这个举措就没有经济意义。

其次，生产可能性边界的概念，能够比较好地解释中国为什么有那么快速的经济增长。我们从生产可能性边界图上，可以看到中国增速比美国快的原因，中国的生产可能性边界扩张很快。

对比中美的生产可能性边界，两条线的斜率不同，美国斜率比中国高，意味着消费品比例不同，美国的产品中大概 80% 是消费品，中国大概 50% 是消费品。斜率越低，意味着一个经济体愿意生产更多的资本品而不是消费品，如果将更多的资源放在资本品而不是消费品，这就意味着这个经济体放弃当前享受，忍受这种损失，去生产更多更好的机器设备等，这些设备会带来经济的扩张。可以看到，中国生产能力低于美国，但是中国在过去的发展中资本品的生产比例高于美国，使得中国经济增速比美国快。

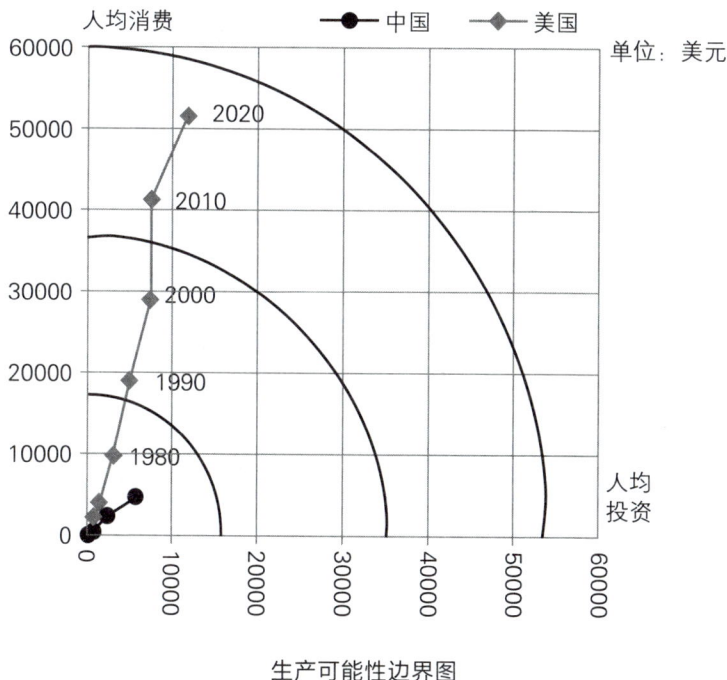

生产可能性边界图

一个经济体即使愿意把更多资源放在资本上，即追求生产更多资本品以换来更大的经济增速，也不意味着这种意愿就可以达成，它需要前提。要实现这一点，需要两大推动力，一个是出口驱动力，一个是投资驱动力。出口驱动表现为具有竞争优势的行业，其增速反映出口部门生产可能性边界外扩；投资驱动则表现为以有效投资来学习与模仿先进生产流程，无效投资部分则会被转化为过剩产能累积。

出口驱动为什么重要？根据世界银行对第二次世界大战战后13个成功经济体的研究可以总结出三条发展经验，首要的成功经验就是外向型经济政策，即可贸易部门的扩张非常重要。出口对于发展中国家经济扩张为何如此重要？首先，出口是发展中国家与全球经济产生关联的过程。经济体的技术水平如何提高？最方便的就是向国外学习。当中国工人平均工资只有国外的 1 / 20，出口扩张可以以最快的速度让中国经济去学习和引进国外已经有的生产技术，从生产线到港口、水电站、高速公路。

也正因如此，出口的增长速度可以看作是出口部门的生产可能性边界扩展速度，赶超型经济体往往有最多的机会来学习，其技术进步速度高于非出口部门，随后为出口部门服务的其他经济部门的技术水平也会得到提升。涟漪效应之下，即使在远离出口部门的其他生产部门，也会带来自主创新从而带动技术进步。

其次，通过出口部门扩张、复制或者说山寨先发国家的先进经验、技术以及制度，这些进步往往以出口的方式固化，可以理解为拿来主义以及后发优势的具体体现。根据 Wind（金融数据和分析工具服务商）提供的出口数据，中国进出口总额从 1978 年的 210 亿美元增长到 2015 年的 3.96 万亿美元，年递增率超过 17%，进出口总量排名从第 31 位上升到第 1 位，其间中国出口额增长了 200 倍。随着中国成为全球最大的进出口国，中国在全球资本生产链条的地位越来越重要，全球资本更愿意在中国投资，体现为外商直接投资（FDI）的扩张，中国在 2015 年之前，每季度 FDI 净值差不多都是 500 亿美元，超过美国和印度。

这一过程伴随着中国改革。所谓改革，也意味着没有能力把握经济资源的组织占比下降，有能力把握资源的经济组织比例上升。具体体现是国有企业比例不断下降；个体和其他民营企业比例不断上升，现在已经超过 70%。

这为什么是合理的呢？对比国有企业和民营企业的资本回报率来看的话，有研究指出，三十多个常见行业中，除了石油、烟草行业，都是民企高于国企，并且这种差距还在不断拉大，而上述两个例外的行业其实也是保护最多的行业。

由此可见，中国改革开放后前 30 年的经济高增长，其动力主要是出口带来的学习效应、大量农村闲置人口转入工业的人口红利，以及改革带来的制度红利。不幸的是，这三大红利已经消耗殆尽，危机正在酝酿之中，或许是时候面对潜在增速下行的事实了。唯有理解发展的动力、经济下行的因素，我们才能真正知道未来应该如何做。

·金句抄录·

连锁效应之下，即使在远离出口部门的其他生产部门，也会带来自主创新从而带动技术进步。

·推荐阅读·

《中国经济的长期表现：公元 960—2030 年》

作者：[英] 安格斯·麦迪森

译者：伍晓鹰、马德斌、王小鲁

出版社：上海人民出版社

《世界经济千年统计》

作者：[英] 安格斯·麦迪森

译者：伍晓鹰、施发启

出版社：北京大学出版社

·延伸阅读·

《中国的奇迹：发展战略与经济改革（增订版）》

作者：林毅夫、蔡昉、李周

出版社：格致出版社

第**6**章

中国模式的前世今生

　　本章为大家解释一下"中国奇迹"，过去的增长是实实在在大家可以感受到的，同时大家也会听到各种对于中国模式的怀疑与批判，到底谁对谁错，如何透过现象看本质呢？本章就从社会学家丁学良的《辩论中国模式》谈起，毕竟从社会学家的视角看待问题，大家更好理解。

　　当前世界，中国经济的影响力与日俱增。伴随着中国经济改革开放后前 30 年的高速发展，中国的 GDP 总量终于在 2010 年超越日本，昂然成为全球第二。与此同时，关于中国社会、政治、经济等领域的研究也层出不穷，浪头潮流几经变化，从最初的"中国崩溃论"到"中国威胁论"，从"北京共识"到"中国模式"，再到曾经一度颇为流行的"现代化"与"现代性"讨论也来凑热闹，各自引领潮流一瞬，俱往矣。

　　中国真的如此与众不同吗？在丁学良看来，《时代》杂志前记者雷默等人推广的"北京共识",在国内的影响远远大于在国际上的影响,在商界的影响更大于学术界。在错杂纷争的话语背后,核心仍旧在于通过中国演进的范式,寻找自我的解释与结论,丁学良的《辩论中国模式》这本书亦是如此。

2011 年的《辩论中国模式》看起来出版是有些晚了,未能赶上上述议论盛极一时的热潮,但是当我读下来发现,作者脱去一切热闹争论冷峻梳理出一条清晰脉络——毕竟,有时远观历史,方能远离狂热,看得更为真切一些。丁学良认为"北京共识"等讨论更多围绕与经济相关的具体政策、策略,而他界定的中国模式则更为广泛并且具有基础性。他将中国模式定义在政治经济学的领域,不仅视线着眼当下,也回溯过往。

中国模式从过去到现在都与官僚制度息息相关,丁学良亦从此入手解剖中国模式,他认为官僚体制的顽固可以称为中国的"常数"。官僚制无处不在,像是一块无处不在又最容易被遮蔽阴翳。最为人熟知的中国观察家费正清,曾经在《美国与中国》中断言:"新的政权将很难克服它由之而生的那个母体社会已经延续了千年之久的官僚化的传统。"

从历史眼光来看,丁学良强调中国力求现代化从治到乱、从乱到治的历程背后,官僚体制的存在或缺失乃是一道主旋律,"不管在什么样的大政治制度下,当官僚体制被冲毁了的时候,中国社会就不可能有全面的稳定及治理;重建官僚体制与重建社会秩序,在中国是同一过程的两个方面"。

利益集团总有两面性，在为集团积极追求利益诉求的同时，也隐约构建了整体的稳定，所以美国学者曼瑟·奥尔森将利益集团划分为泛性利益集团和分利性利益集团，官僚制亦不例外。丁学良认为官僚体制既是维护稳定、全面治理（"大治"）的基本工具，也是抗拒改良尤其是梗阻进步性变革的基本障碍。甚至随着改革的推进，特殊利益集团的无孔不入也会使得改革缺乏动力。

中国发展到今天，人均 GDP 超过 1 万美元大关，成为中等收入国家。从经验来看，转型积累的各类问题会在这一阶段集中爆发，成为社会矛盾多发的阶段，经济学上称之为中等收入陷阱。此时，官僚集团的身影亦无处不在。正如集体行动理论研究显示，拥有并意识到共同利益的群体，往往并不能为共同利益的实现而采取有效的集体行动，许多情况下小集团更能有效率地获得一致行动动力。丁学良认为官僚体制有它的集团利益，这种集团利益具有日益与民间利益分离和对抗的惯性趋势。官僚体制越是稳固完整，它掌控的各类权力和资源就越是丰厚，它抵抗变革的意志和技巧就越是强韧和精致。

回望过去，是为了展望未来，对于下一步如何走，丁学良给的药方之一是运用 20 世纪 80 年代的政治遗产，重拾"向老百姓还债"的价值理念，由小众市场经济真正走向大众市场经济。曾经，国务院前总理温家宝在人民大会堂与中外记者见面会上回答，中国的改革和建设还在探索中，从来不认为自己的发展是一种模式。这也许向我们揭示了中国模式的未完成性，仍旧有待进行实践探索。

毕竟，有时远观历史，方能远离狂热，看得更为真切一些。

·推荐阅读·

《辩论中国模式》

作者：丁学良

出版社：社会科学文献出版社

第 **7** 章

中国模式："中性政府"昨与今

此前介绍了社会学家丁学良关于"中国模式"的洞察，让我们来看看经济学家姚洋怎么看，在《作为制度创新过程的经济改革》这本书中，他提出了对于中国经济改革历程的新观察。

"三十年河东，三十年河西。"曾经多年保持平均 9% 以上的经济增长率，顺利从计划经济过渡到中国特色社会主义市场经济，是"中国特殊论"还是归功于经济发展理论放之四海而皆准？回首这一场盛大的人类社会科学实验，关于经济改革各家众说纷纭。经济学家林毅夫曾一度断言当代经济学的前沿就是中国经济研究，谁能最终解释中国经济改革，谁就接近诺贝尔经济学奖了。

中国经济学家对此都跃跃欲试。大抵从张五常开始，从地方分权的地方政府之间竞争的激励机制来解释中国经济变迁就成为比较一致的主流思路，并且已经从庙堂高阶深入民间巷陌。无论从 20 世纪 80 年代的财政包干到 20 世纪 90 年代的分税制,分权带来的财政制度使得地方政府与企业之间形成了微妙的有效互动,而地方政府的信息优势与预算约束最终促进了从试探性的姿态到全国铺开的政策路径,钱颖一曾直接将其命名为"保护市场的财政联邦主义"。

饶是如此,经济理论对于现实世界的解释总是乐此不疲。北京大学教授姚洋是少壮派青年学者代表,他算是林毅夫的学生,如今也接替了林毅夫担任北京大学国家发展研究院院长。在他看来,"如果说分权为制度创新提供了基础,那么泛利性政府则为这些创新被最终采纳提供了保障"。所以,除了地方分权之外,他认为中央政府更少发挥决定性作用,尤其是中性政府以及实践的务实主义也是中国制度创新和变革成功的关键因素之一。他在《作为制度创新过程的经济改革》中对制度创新大书特书。

所谓"中性政府"(Disinterest Government),其源头可以追溯到美国经济学家曼瑟·奥尔森的"泛利性"(Encompassing)的利益集团概念。奥尔森认为利益集团与国家经济政治兴衰和僵化有着密不可分的关系,如果统治集团的利益与整个社会利益重叠较多,那么利益集团在追求自身利益的同时自然也会带来对社会利益的改进,那么这就是泛利性的统治集团。

在解释中国经济之时,姚洋则将奥尔森的概念延展到"泛利性政府",他认为东亚各国的政府,尤其是在其发展的早期多为泛利性政府，而中国政府的泛利性渊源甚至可以从儒家传统以及屈辱的近代史谈起。在书中，他归纳了一个泛利性政府的基本特点：首先，它更关心国家的长远利益，而非短期政治收益；其次，泛利性政府能有效抵御来自利益集团的压力，以国家的整体利益为标准来制定政策；最后，在改善人民生活水平方面，泛利性政府不受民粹主义的干扰，不追求给大众立竿见影的好处，而是给他们提供可持续性的收入增长。

姚洋的分析从泛利性政府过渡到后来频频谈起的中性政府，也引发了不少争议。姚洋总结的中性政府最大的特点就是关注整个社会的长远发展，关键是对待社会不同组织阶层保持中立。但是，在反对者看来，政府在市场中很难作为一个中性因素存在，往往介入利益、规则的方方面面，发挥着扶持、掠夺、无为等不同职能。

不可否认，从理论探讨到现实世界总是存在不可跨越的鸿沟，姚洋在他的模型中谈论的中性政府只是一个描述性概念，并非好与坏的道德判断。如果从这个角度来看，中性政府也许是一种基于形势的务实的策略选择：在改革初期，一方面利益集团尚未形成，另一方面面临地方政府的分权的有效制衡，中性政府的选择也是理性之举，很多对大部分人有利的经济改革政策的推出会更为顺利。

美国制度经济学家约翰·康芒斯曾言，制度不过是社会的日常规则，时移事往，社会环境在变，约束条件也相应地发生变化。如果中性政府是我们过去成功的经验，那么随着改革驶入深水区，中性政府的基础发生变动之际，经济解释调整也不可避免。下一阶段，中国经济面临上行阻力增强还是继续增长？此时此刻，回首总结中国改革历程，我们也许能够从过去得到更多新的认识。

·金句抄录·

如果中性政府是我们过去成功的经验，那么随着改革驶入深水区，中性政府的基础发生变动之际，经济解释调整也不可避免。

·推荐阅读·

《作为制度创新过程的经济改革》

作者：姚洋

出版社：格致出版社

第 **8** 章

谁来偿还中国巨债

这一模块到了尾声，话题和大家的生活贴得更紧密了。关于中国模式，我们应该从经济、政治、社会等不同维度来审视，本章就从债务角度来看一看。独立经济学家刘海影的《中国巨债》出版于 2014 年年末，可以说该书很多内容准确预言了当下情况，无论 L 形走势还是去杠杆，抑或地方债危机、过剩产能。

中国经济奇迹已经维持超过 30 年，改革开放也已经超过 40 年。以购买力平价计算，中国 2014 年 GDP 总量已经超过美国。当时大家也有疑问，比如中国下一步何去何从？下一站中国将迎来日本"失去的十年"还是人均 GDP 超越美国？在对中国经济未来命运的众声喧哗之中，《中国巨债》横空出世，青年经济学家张明认为该书是"一本富有诚意的著作，也是一本颇具野心的著作"，这一评价可谓公允。

如果把中国看作一家体量庞大的公司，那么厘清未来发展战略之前，认识中国道路的过去与现在更为重要。在刘海影的体系中，核心在于债务，他强调债务膨胀与产能过剩互为镜像。书名叫《中国巨债》，可能不受看好中国经济的人士的喜欢，但客观现实并不以人们的偏好为转移。

债务为什么重要？人性决定了人们往往更注重当期享受，所以一方面享受债务累积的杠杆狂欢，另一方面却又讳言债务累积。也正因如此，各类文件或者口号往往表态支持实体经济，打击虚拟经济，似乎二者之间存在防火墙。但在现代社会，一切的本质都是商业，而一切商业本质上都与金融业难脱干系。事实上，在刘海影看来，债务只是过剩产能在金融层面的体现，实体经济问题与金融问题是中国经济的一体两面。

《中国巨债》的逻辑体系，也可解释宏观与微观给人感受脱节的状况。宏观强大漂亮的数据之下，微观个体的感受却有所不同，幸福指数并未随着经济增长而逐步提升。原因在于中国的经济增长看似迅猛，其中却存在以投资拉动的成分。刘海影通过数据分析指出，这一模式的问题在于中短期可以使经济起飞，但是从长期来看，可能因为大量投资被浪费，加上体制的软约束，造成大量过剩产能，使得僵尸企业横行，最终的结果则是债务不断累积。如果不加以修改，崩溃的结局必然存在一个临界点，如今我们正在逼近这一时刻。

值得注意的是，正如美国经济学家卡门·莱因哈特与肯尼斯·罗格夫合著的《这次不一样》一书所强调的，在800年的金融危机历史中，学术研究往往集中于外部债务危机，对于国内债务却关注不多。事实上国内债务的危害并不小于国际债务，其表现形式也更为隐秘。中国经济奇迹年增长不低于 8% 的常态，曾经在 2008 年金融危机时遭遇挑战，但随后出台的四万亿的刺激政策，使得中国经济迅速反弹，继续保持 8% 的增长。其结果是什么？当时的反弹，固然令世界侧目，但是也存在隐性后果，那就是中国需要花费不少时间消化因为大手笔投资而导致的过剩产能，如果过剩产能继续积累，那么债务危机可能为期不远，这也是新一届政府上台之后强调去杠杆的原因所在。

债在人类经济生活中如此重要，但一直神秘隐居在货币经济的潜流之中，这就需要有心人以历史、逻辑、数据三点来勾勒其形貌。换言之，这是一本聚焦当下的书，更是一本关于历史与未来的书，它将中国经济奇迹放在大历史框架之中审视。除了对于现实经济的思考，还有一些很新鲜的经济史结论也值得重视，比如还原古代人均收入水平不高的事实，同时肯定了南宋成就——"人们几乎已经忘记了宋文明的辉煌，实际上，那是中国唯一一次如此接近现代政治经济原则，并将自己物质与精神的创造力建在这样的原则之上。丧失了这次机会之后，随后的数百年我们只能目睹封建时代的中国坠入越来越深的深渊，其死水微澜恰与欧洲的突发猛进形成鲜明对照"。

经济学的核心是成本，而从人类学角度而言，债务可能先于货币出现，在美国著名人类学家大卫·格雷伯的《债：第一个

5000 年》中，对于债务起源就有精彩论述，他认为人类在 5000 年前已经在使用复杂的信用体系，而不仅是依靠物物交换来进行商品交易。《中国巨债》也谈了很多货币方面的内容，刘海影借助人类学研究，认为人类最早的债务类似一种支付承诺。关于书名"巨债"，刘海影表示，过去的 40 多年中国经济创造了伟大的奇迹的同时，也欠下巨债，"巨债不仅体现在环境、社会、文化、精神、政治等各个方面，更加可视化的体现是中国非政府债务的飙升。如此巨大的债务为中国历史上任何朝代、任何时期都没有经历过，它对于未来中国经济发展将会造成怎样的影响，也没有先例可以参照"。

"债"在中国古代与"责"是通假字。那么，中国巨债，谁最终来承担责任呢？我希望不是中国的普通民众，因为在过去的增长中，他们或许受益，但是也已经付出了成本。

在人人都爱讨论经济学的时代，宏观经济学有时分外尴尬，那就是存在理论与现实脱节的状况，由此衍生了很多有趣段子，比如"经济学家预测出了过去 5 次衰退中的 9 次"等。相比之下，业界经济研究不像学界以追求论文发表为唯一目标，业界经济研究往往更为贴近市场，因而对于现实更有解释力，刘海影可谓个中代表。他是近年在公共领域引发关注的经济学者，有国际投资经历，在一些国内研究机构担任研究员。业界背景以及学术训练使得他的思考异于同侪，2013 年出版《中国经济下一步：繁荣还是陷阱》一书已经引发不少关注，而这次《中国巨债》则更为集中，并非时下流行的戏说或者文集，体系严密，自成一派。

正如学者张明所言，这本书是一本有野心的书，同时我认为这本书存在的问题也在于野心过大。全书分为四章，分别谈经济发展的制度基础、中国经济奇迹、危机理论以及理论在中国经济现实中的应用，逻辑固然贯穿一致，但是知识密度过大，历史事件跨度也大。这固然显示了作者对于宏大叙事的偏好，但是也对作者的叙述能力提出了更高要求。其实每一章如果单独成书展开叙述，可能阅读体验更好。如此也不得不说，期待刘海影的下一本著作。

·推荐阅读·

《中国巨债——经济奇迹的根源与未来》

作者：刘海影

出版社：中信出版社

·延伸阅读·

《中国经济怎么了》

作者：徐瑾

出版社：上海三联书店

第三模块

宏观

危机如何改变世界

第 *1* 章

债的前世今生

这个模块是谈宏观。你可能学过宏观经济学，却发现学了也是懵懵懂懂，看不懂财经新闻；你可能没学过宏观经济学，觉得很高深，离普通人太远。这个模块我希望聊聊别人不太聊的内容——一些我觉得重要却很容易在其他地方被忽略的宏观知识。这是建立在通识层面的宏观经济知识，可以让你离成为明白人更近一步。普通人了解宏观，无非是为了更好地理解我们的当下与未来。货币、债务与危机，是这个模块的核心，本章就从债务开始。

无论你有没有借钱，我们其实都生活在一个被债务环绕的世界。无论我们欠别人的还是别人欠我们的，隐性的还是显性的，甚至不仅仅是个人和私立机构，国家也往往陷入债务危机的泥淖。

那么你可能会问，债务从何而来？欠债还钱何时开始成为人类交往的共识？对于这些知识，经济学家往往会想象出最简单的故事模型，比如用一个类似《鲁滨孙漂流记》中的小岛为背景来论证。但是对于人类学家来说，他们会采用直接证据，比如找到一个南太平洋或世界角落的小岛开始论证。后者显然更真实，所以本章我们不从经济学家角度谈虚拟故事，来研究真实的人类历史。

本章推荐的书目是人类学家大卫·格雷伯的《债：第一个5000年》，格雷伯 2020 年去世，享年 59 岁，可以说是英年早逝，他生前曾经在耶鲁大学、伦敦政治经济学院任职，他的理论也被认为引领了"占领华尔街"运动，他的离开无疑是无政府主义阵营的一大损失。别看主标题简单到只有一个字，但是这本书涵盖了人类 5000 年以来的债务历史，梳理了债务在形形色色国家以及不同时期的不同表现形式，格雷伯的不少观察甚至对传统的经济货币理论提出了挑战，揭示了不少我们习以为常的知识可能存在误区。

例如，经济学家对货币功能的定义通常有三种：交易媒介、价值尺度和价值储藏手段，而所有的经济学教科书都把交易媒介定义为货币最重要的功能，甚至经济学家讲述货币故事时，绝大多数都会以幻想的以物易物世界作为开头。诺贝尔经济学奖得主经济学家约瑟夫·斯蒂格利茨编写的教科书就虚构了一个小镇，"亨利想用自己的土豆换鞋子，乔舒亚想用一双额外的鞋子换土豆，那么以物易物交易将使双方都感到满意。但是，如果亨利有木柴，而乔舒亚并不需要木柴，那么为了完成交易，就需要更多的人参与交易，采用多方交易的形式让亨利能够得到乔舒亚的鞋子。货币大大简化了多方交易的过程。亨利出售木柴换取货币，然后用货币购买乔舒亚的鞋子"。

这一叙述听起来有模有样，也生动易懂，甚至最早可以追溯到亚当·斯密的传统思想。但是，人类在经济学诞生之前就已经有交换、债务以及货币了，格雷伯批判上述观点完全是人为想象出来的，他以人类学家的敏感质疑经济学家的证据："对于一个正常人来说，他怎么会愿意在这样的地方开办一家杂货店？他如何进货？如何安排这个幻想故事发生的时间以及地点：我们在讨论穴居人、太平洋岛民，还是美国的边疆居民？"

更进一步，他的研究从巴西的南比克瓦拉人开始，村民还保留着简单社会的诸多状态，直到此时，这里的人也并没有进行以物易物，那么他们如何交换？"如果一个人想要一件物品，他会大声称赞这件物品是多么好。如果一个人看重自己的物品，希望用它来交换更多的物品，他并不会说这件物品多么有价值，而是会说它没什么好的，以此表明他想保留它。"双方会讨价还价，甚至因此动怒，但最终往往达成一致，彼此会从对方的手中把物品抢走。

这揭示了什么？经济学关于交换源于自利的论点并不总符合现实，因此以物换物在人类早期可能是一种想象。格雷伯引用了剑桥大学卡罗琳·汉弗里的研究结论，"从来没有人描述过纯粹的以物易物经济的例子，更不用说货币从中诞生的过程；所有可得的人种学的研究都表明，从来没有存在过这样的经济模式"。不要小看这一结论，这事实上揭示了一个很容易被忽视的要点：人们并不易货，而是互相馈赠，有时以进贡的形式，有时会在之后得到回赠，有时则是纯粹的礼物；在熟人环境中媒介是信用，而货币的本质也可以进一步归结于欠条。

从这一结论可以看出法国人类学家马塞尔·莫斯对原始交换与馈赠的研究痕迹，但格雷伯并不满足于对经济学理论的批判，更关注当下。作为"占领华尔街"运动的支持者，他还是一名无政府主义者，可谓正正经经的左派，也正因此他希望通过证明"欠债还钱"是道德层面的破产，力主免除穷人的债务，甚至试图通过本书证明周期性地免除债务是人类历史的常态，比如《圣经》中对"禧年"的描述，"这年必为你们的禧年，各人要归自己的产业，各归本家。第五十年要作为你们的禧年。这年不可耕种；地中自长的，不可收割；没有修理的葡萄树也不可摘取葡萄。因为这是禧年，你们要当作圣年，吃地中自出的土产"。

中国人对债也不陌生，明代凌蒙初的话本小说《初刻拍案惊奇》就有一句，"既是不关亲，你岂不闻得'杀人偿命，欠债还钱'？"要点不在于"欠债还钱"，而是"既是不关亲"，可见即使在商品经济相当发达的明代，虚拟货币的使用在熟人网络中也不那么强大。这也是《债：第一个5000年》一书最大的价值所在，格雷伯拓展了经济学的狭隘想象力，通过回溯历史重新厘定了货币以及债务的本质。

"尽信书不如无书"，作者的背景会影响其判断。格雷伯也不例外，他的左派立场令不少经济学家大跌眼镜，他对金融机构以及国际货币基金组织连篇累牍的批判，也让人想起《一个经济杀手的自白》中对于发达国家一心通过各种阴谋使发展中国家负债累累的桥段。

相比之下，历史学家尼尔·弗格森的话较能代表主流经济学观点："贫穷不是贪婪的金融家剥削穷人的结果。它更多的是与金融机构缺乏也就是与银行缺乏有关，而不是因为它们的存在。这是因为只有当借款人有机会获得有效的信贷网络，他们才可以逃脱高利贷的魔爪。"问题在于，弗格森的看法虽然可以得到业内认可，但是对于金融危机之后公众的滔天愤怒，经济学家们甚至金融界精英，恐怕不能仅仅以"道不同不相为谋"一笑了之。放眼当下，金融全球化正在退潮，一场涉及政治、社会的新思潮正在席卷而来，格雷伯们的言论只是开始，"也许这个世界真的欠你一份生计"的呼声需要得到正视以及回应。

回到《债：第一个5000年》这本书，作者最大的特点就是对传统经济理论对货币的解释提出了挑战。他认为货币并不是以物物交换的替代者的形式出现，它原本是以一种度量尺度、一种抽象物的形式，同时也作为人类之间的关系——债务与义务——出现的。在5000年前，人类已经在使用复杂的信用体系而不仅仅是物物交换来进行商品交易。信用体系的存在远远早于硬币和货币的出现。他在书中指出，在没有货币的年代，人们并不"易货"。货币的出现不是为了方便交易，而是埃及或苏美尔等古国的神职人员为更有效地收税或计算财富而创造出来的。价格概念和冷漠的市场随后才应运而生，它们吞噬了人类社会原本拥有的一切温情脉脉。是金钱让责任和义务变成债务，欠债还钱的常识腐蚀了人类彼此关爱的本性。格雷伯认为，一旦我们理解了债务的社会起源，就会乐于在条件发生改变时重新协商债务问题，无论是抵押贷款、信用卡债务、学生贷款，还是整个国家的债务。

对于现实，应该怎么办？格雷伯开出一剂"药方"：免除所有国际债务和消费者债务。"这会奏效，因为它不仅能消除人们切实的苦难，而且提醒人们，金钱并非妙不可言，还债不是道德的核心，这一切都是人为的安排"。

你怎么看？以前我会觉得很可笑甚至很疯狂，但是他的想法得到越来越多的人支持，这提醒我们，不仅世界经济在变化，世界政治图景也在变化。

·金句抄录·

价格概念和冷漠的市场随后才应运而生，它们吞噬了人类社会原本拥有的一切温情脉脉。

·推荐阅读·

《债：第一个5000年》

作者：[美] 大卫·格雷伯

译者：孙碳、董子云

出版社：中信出版社

·延伸阅读·

《这次不一样：八百年金融危机史》

作者：[美] 卡门·M.莱茵哈特 [美] 肯尼斯·S.罗格夫

译者：綦相、刘晓峰、刘丽娜

出版社：机械工业出版社

《白银帝国：一部新的中国货币史》

作者：徐瑾

出版社：中信出版社

第**2**章

货币王者：过去三百余年，金融如何改变世界

　　说到宏观经济学，肯定离不开货币，上一章我们讲完了债的前世今生，重点介绍了人类学家大卫·格雷伯是如何看待债，以及其对经济学家对债务虚拟看法的批判。本章介绍的这本书是我的《货币王者》。

　　我帮你梳理一下，《货币王者》核心线索就是过去三百余年中，金融发生了什么。《货币王者》一书立足于金融观念的进化，展示金融世界在过去三百余年的发展脉络，在金融危机与中央银行两根交错的主线下，泡沫与理性的反复博弈也促成了金融市场的不断改进。全书分为历史与现实两大模块，其中六个部分的主题分别是"18世纪：中央银行与争霸欧洲""19世纪：金融革命与英国崛起""20世纪：大萧条与对抗危机""迄今为止的21世纪：全球金融危机与债务狂欢幻灭""后疫情时代的中央银行""金融危机，下一个会是中国么"。

先从历史这个模块看，荷兰是 17 世纪欧洲金融业的早先版本，甚至当年荷兰郁金香泡沫也成为现代金融危机的早先版本，对应 17 世纪的巨变，最伟大的产物是三家机构的诞生，1609 年的威瑟尔银行和 1656 年的瑞典银行，以及 1694 年的英格兰银行。

18 世纪是英国崛起的时代，金融创新与各类泡沫并存，也是英格兰银行站稳脚跟的 100 年。在货币战争的鼓噪之中，中央银行分外神秘。作为银行中的银行，中央银行直到今天仍旧决定着金融世界的方方面面，很多我们习以为常之事，其实是历史层层累积进化的结果。作为现代中央银行的鼻祖，成立于 1694 年的英格兰银行曾经被冠以"堡垒中的堡垒"，其诞生亦被视为当时最重要的金融创新，那么这座"堡垒"是如何平地而起的呢？战火中诞生的英格兰银行如何改变了世界？现代纸币在银行券中是如何诞生的？

任何历史大事件背后都有隐性的金融之手。就金融而言，18 世纪之前的世界并非一张白纸，但也只是现代金融的胎动阶段。17 世纪是人类工业化萌芽阶段，也孕育了现代金融。工业革命之前，先有金融革命。18 世纪金融的焦点已经从美第奇家族的意大利、郁金香狂潮的荷兰转向西欧尤其是英国。金融大爆炸也滋生了各类投机行为，比如 1720 年从疯狂追涨到一落千丈的南海泡沫，从名流政要到普通民众都牵涉其中。

南海公司的陨灭，对应着英格兰银行的成长，这不仅意味着现代中央银行制度的成熟，还意味着金融观念完成了现代进化的第一步，在国家层面上，通过赋予中央银行发钞权的同时隔离其与王权关系，进而区分国库收入与国王财产，让国家的归国家，国王的归国王。更进一步，英格兰银行为英国的崛起奠定了金融基础。

19世纪，金融史的重点仍旧在英国。英国在16世纪还是一个毫无冠军相的欧洲国家，却在18世纪领跑世界，19世纪崛起登顶，其原因在于制度创新，其中金融方面功不可没。经济的扩张意味着各类金融创新的兴起，也潜藏着各种危机。

在1720年南海危机的100年之后，英国在1825年再度爆发危机，这甚至被认为是英国第一次周期性的经济危机，其发展轨迹正是从货币危机开始，导致股票下跌，最终多家银行倒闭。英格兰银行也深陷危机，却也开始直面其作为中央银行在危机中的责任。争议是一直存在的，1810年"金块辩论"可以看到货币主义与凯恩斯主义的影子。

英格兰银行在19世纪的诸多贡献，对应着19世纪的诸多金融创新。英格兰银行挺过1825年、1847年、1857年、1866年的危机，尤其是在探索从一家私人机构到中央银行之路方面，有许多经验与教训。

英格兰银行对于近代英国和世界历史，也有独特贡献。我在本书前文多次推荐的历史学家尼尔·弗格森，有一个"四角关系"的看法，他从制度角度展开研究，强调英国制度设计中由征税机构、中央银行、国债市场、议会组成"四角关系"的优越性。首先，专业的征税官僚机构使得国家财政征收得力，优于法国的包税人制度，这也衍生了优秀的教育制度；其次，纳税人通过纳税来换取立法权，介入了国家预算各个环节，这无疑促进了私人产权的保护；再次，国债体系使国家开支稳定，不会因为战争而骤然发生变化，甚至掠夺民间，债市的活跃最终也带来资本市场的繁荣；最后，中央银行通过管理国债发行、征收铸币税，衍生出汇率管理、最终贷款人职能。

这是英国的故事，是现代金融开始的故事，也是金融危机开始的故事。

·金句抄录·

作为银行中的银行，中央银行直到今天仍旧决定着金融世界的方方面面。很多我们习以为常之事，其实是历史层层累积进化的结果。

·推荐阅读·

《货币王者：中央银行如何制造与救赎金融危机》

作者：徐瑾

出版社：中信出版社

·延伸阅读·

《货币崛起：金融如何影响世界历史》

作者：[美]尼尔·弗格森

译者：高诚

出版社：中信出版社

第3章

如何驯服金融不稳定怪兽

我们从不同角度深入解析 2008 年金融危机，这次金融危机为什么如此重要？因为自爆发以来的这十几年，世界已经与往日不同。

金融危机像一只突然出现的怪兽，它的出现，也给予我们一个机会回顾全球经济。我们把视野放开一些，回顾一下最近 40 年的经济发展，会发现一些过去被忽略的线索。20 世纪 80 年代被认为是"大缓和"时代，特点是高产出低通胀，拜时代所赐，新自由主义全面铺开，而主流经济学也成为社会科学的明珠，诸多经济学家对此志得意满，如"理性预期"学派大牛之一——经济学家罗伯特·卢卡斯——就在 2003 年表示，预防萧条的核心问题已经解决了。

2008 年金融危机之后，繁荣的音乐停止，经济和金融的稳定时期成为过去。主要发达经济体的经济产出迄今仍旧没有恢复到危机之前的水平，真实世界的变化迫使观念世界的更新，各界精英在反思，如何重新定位失去焦点之后的世界。这种情况下，学者的思考往往局限于某个领域，不如观察家广博，我推荐大家多关注英国《金融时报》首席经济评论员马丁·沃尔夫，在他的《转型与冲击》一书中，他认为我们如同《绿野仙踪》的小姑娘多萝西，已经被龙卷风从堪萨斯州带入魔幻世界，将开始在奥兹国的历险。

新时代意味着新的游戏规则，与此同时，历史总是告诉我们向后看就是向前看。那么过去有什么可以让我们借鉴的历史资源呢？2008 年金融危机后的 3 年中，马丁·沃尔夫曾经在一次学术会议上向美国经济学家拉里·萨默斯提出几个问题：作为一个政策制定者在应对危机的决策过程中，什么样的经济学是有用的？什么样的经济学能够使美国经济和世界经济恢复到危机之前的水平？是否存在这样的经济学？

萨默斯是著名经济学家，还是经济学大师保罗·萨缪尔森的侄子，很早就出名了，在学术以及政治领域都颇受倚重。他认为凯恩斯的经济主张在应对危机中有用，而金融危机其实可以从沃尔特·白芝浩、海曼·明斯基、查尔斯·P. 金德尔伯格那里得到不少启发。马丁·沃尔夫犀利地总结这四个人的共同特点：去世了，处于现代学术主流之外，属于"被除名的人"。

这些经济思想因为时代思潮而被遗忘，如今是时候重新捡起过去丢失的传统以及争论了，正如沃尔夫所言，"这是一场古老的辩论"。沃尔夫是主流的一员，但是他看到了正统经济学的疏漏之处，因此在《转型与冲击》中介绍了不少"新正统"之外的经济思想，从瑞典经济学家克努特·维克塞尔关于信用系统不稳定的判断到奥地利学派关于不正当投资的分析，从赋予政府垄断货币发行权力的"芝加哥计划"再到明斯基的"不稳定假说"，从米尔顿·弗里德曼与凯恩斯关于货币政策财政策略的论述到二者在现实中的结合。

沃尔夫认为这些观念彼此存在矛盾与冲突，但是他们的要点在于认识到政府作为唯一货币的提供者以及私人部门对于信用的创造，最终导致高度不稳定。这其实已经涉及货币的内生性问题，即中央银行可以在多大程度上决定信用创造？以前认为是绝对的，目前看来银行系统以及私人部门也积极参与了信用创造的过程，这也使得金融自由化的观点面临调整。

由货币问题引出，还可以思考一个问题，金融发展对于实体经济是好是坏？这一问题过去的答案往往是肯定的，但随着研究的推进也涌现出不同看法。中国国务院发展研究中心赵昌文、朱鸿鸣写了一本书，名字叫《从攫取到共容：金融改革的逻辑》，他们在其中也提出一些类似观点，他们认为当前中国金融既"发展不足"又"发展过度"，即对于实体经济而言，中国的金融体系是低效率的"攫取性"金融体系。

"攫取性"概念来自经济学家达龙·阿西莫格鲁等人，《从攫取到共容》之所以如此定义中国金融系统，主要原因就在于金融与实体经济严重失衡，"金融存在明显的'虹吸效应'，它像一块巨大的磁铁，诱导了过多的企业家、资本和优秀人才等创新要素'脱实向虚'"。

事实上，就全球范围而言，对于金融行业的负面效应在2008年金融危机之后也有不少反思。金融系统在20世纪70年代之后放开手脚大肆扩张，过去总认为金融发展对于经济增长有益，如今看来这一观点面临考验，尤其在经济发展到一定阶段之后，例如一旦信贷总额与GDP之比超过100%之后，金融的过度增长就会损害经济，这一观点甚至得到IMF、国际清算银行研究的认可。

具体到中国而言，中国债务随着2008年全球金融危机而急剧累积，这也构成金融隐患，过去尽力拥抱金融中心等做法也不无偏颇。《从攫取到共容》中，对于建设共容性金融制度提出多条建议，作者支持推行利率市场化、放宽市场准入、发展多层次资本市场和非银行金融机构等政策，与此同时提议进行配套改革，"在金融领域外，应辅之以国资国企改革、财税体制改革以及合理的宏观调控政策，消除政府对融资主体的隐性担保；应推动产业政策转型和教育科研体制改革，培育实体经济的发展动力"。

相比之下，沃尔夫的解决思路是针对发达国家的，也比较技术化。沃尔夫提议接纳接近芝加哥计划的方案，货币系统以标准100%准备金作为核心，其他金融中介则需要提供比目前水平更高的资本金。无论在中国还是西方，这些提议本身除了经济可行性之外，也面临极大的政治可行性问题，既要推动既得利益改革，又需要呼应民众意愿，同时要奉行专业主义而不是民粹主义。

不要小看金融行业带来的不稳定因素，金融带来的问题远在金融之外。如果我们已经离开大缓和时代，重新进入更加不稳定的后金融危机时代，未来的风险来自哪里？马丁·沃尔夫认为今天对于自由主义民主的威胁并非来自意识形态对立、劳资纠纷、飙升的通胀、商业利润的下降，而是来自金融不稳定和经济不稳定，来自居高不下的失业率和不平等的加剧。他同时强调，市场和竞争是经济活力最有力的保障，但是过去则存在某种偏差，"在市场导向的逆向革命之后出现的由金融推动的资本主义已经被证明是矫枉过正了"。或许是时候纠正这一错误了。

现在看来，沃尔夫不幸言中我们当下的世界状况，很多当前的国际冲突和经济问题的根源在几年前已经初露端倪。

·推荐阅读·

《转型与冲击：马丁·沃尔夫说未来全球经济》

作者：[英] 马丁·沃尔夫

译者：冯明、程浩、刘悦

出版社：中信出版社

·延伸阅读·

《从攫取到共容：金融改革的逻辑》

作者：赵昌文、朱鸿鸣

出版社：中信出版社

第 **4** 章

最著名的中央银行家：格林斯潘忏悔录

谈宏观离不开中央银行，谈中央银行不能不谈艾伦·格林斯潘。格林斯潘这个名字代表的已经不仅仅是一个人，而几乎是中央银行家的象征。

格林斯潘曾经是神一般的存在，格林斯潘 2006 年离任之际，几乎是他个人声望的顶峰。当时美国经济一片向好，经历了两次衰退又复苏，股市经历了泡沫与崩盘的周期，房地产及华尔街都欣欣向荣，似乎没有输家，战争和恐怖袭击都没能打败美国，人人都因为赚到钱买到了房而心满意足。

可惜天下没有免费的午餐，伴随着多年的放松管制及过低贷款利率，美国房地产泡沫最终酝酿成为一场全局性危机，最终引爆了 2008 年全球金融危机，诺贝尔经济学奖得主保罗·克鲁格曼甚至称格林斯潘为"全球最差央行行长"，其从经济学专业性到人品都被人诟病。

首先，格林斯潘是共和党人，又受到安·兰德自由市场理念的濡染，与民主党人保罗·克鲁格曼自然政见不合。

其次，金融危机对于所有人都是一次洗礼，作为注定被写入历史的人物，格林斯潘无法回避自己的评价与"遗产"，他的书可以视为他对于金融危机的个人终极论断，从中我们还是可以学到不少的。

格林斯潘将对本轮危机的审视放在了长时段之下进行考察。他将此轮危机归结为地缘政治引发的长期利率走低，而利率的走低又直接导致住房等资产价格的非理性上涨，"本轮金融危机的直接原因是证券化的美国次级抵押贷款有毒资产，但其起源可以追溯到'冷战'结束后的那段时期。地缘政治事件最终导致长期利率以及与之紧密联系的抵押贷款利率下降，这在之后带来了全球性的住房价格上涨"。

作为抗击互联网泡沫的成功者，格林斯潘提出，为什么2000年的互联网泡沫破灭，甚至1987年股灾，没有像2008年的次贷危机那样引发经济雪崩？

他认为关键在于债务杠杆，而证券化次级抵押贷款的违约增加，毫无疑问是那场金融危机的直接原因。回看2008年早期，在监管机构帮助下，贝尔斯登被摩根大通收购从而避免了破产命运，这被认为是金融危机的先兆，随后几个月体量更大的雷曼兄弟公司倒闭则被视为金融危机的直接导火索。对美国政府不拯救雷曼兄弟公司的批评迄今仍旧存在，但格林斯潘提出不同看法，他认为贝尔斯登的获救坚定了雷曼兄弟自认"大而不能倒"的信念，如果允许贝尔斯登破产或许就可以避免随后更大的危机，"如果市场承受住了贝尔斯登破产的冲击，没有发生传染性破产，雷曼兄弟公司的风险紧张状况或许就不会引起更多注意，那就可以在足够长的时间内逐渐降低自身的风险水平"。

最后，监管应该是大家对于格林斯潘论述最感兴趣的一点，毕竟这是金融危机的薄弱环节，又曾经是格林斯潘的本职工作。理想的监管，或许要点就在于使得市场主体更多回归理性，但在现实操作之中则面临两难：监管层如果过于宽松，会鼓励市场主体冒险，甚至酿成危机局面；而监管如果过于严苛，则会打击经济的活力。更难的是，监管者如何甄别有毒资产，如何判断市场何时存在泡沫，尤其在当下市场日新月异之际，如何监管监管者本身。

格林斯潘认为一味收紧货币来抵御泡沫的做法并不可取，那样做的结果可能适得其反，"我们可以在泡沫膨胀的时候将其识别出来，但还不能预见其复杂的解决和崩溃过程，我们也许永远都做不到。为应对此类事件，政策制定者们必须作出选择，是否应限制甚至禁止很多市场活动，并且接受这些措施对经济增长造成的不可避免的消极影响"。甚至，监管者过多介入也有可能于事无补。

换言之，格林斯潘仍旧相信市场的力量，他认为监管者并不比市场尤其是产品发行方更有能力作出判断，而且这类尝试往往会被证明是徒劳无功的，监管者应该做的是加大资本金等管理手段，同时让机构放手去做，"监管者应该放手让银行购买它们自己选择的任何产品（在一定的界限范围内），但要求银行有较大数额的一般性股本准备金，作为应对可能发生但难以预先识别的损失的储备"。

格林斯潘认为，违约的传染与雪崩现象有很多共同特征，"一小块积雪的崩塌会逐渐积累起势能，直到整个表面断裂，满山的积雪将随之倾泻而下。我们很难判断雪面上的一小块裂缝是否会触发大规模雪崩，由于同样的原因，也很难预先判断何种事件将触发大规模金融危机，尤其是2008年9月那种量级的危机"。

在格林斯潘看来，解决的方法之一就在于资本金。伴随着机构风险承担水平显著提高，机构也应该相应充实资本，这样一方面可以约束银行的杠杆化，另一方面即使日后出现危机，损失也会处在有限范围。

问题在于，如果资本金短缺这个问题如此显而易见，为什么没有引起足够重视呢？这首先源自大家对于习以为常的问题的盲区。格林斯潘提供了一个自己的亲身经历，他刚出任美联储主席时，曾经在内部会议上"天真"地问道："你们怎么判断合适的资本金水平？"但是接下来却是令人意外的沉默，"这类基础问题的答案通常是被视为给定的，很少会被问及，除非遭遇危机"。他自认在美联储供职期间，银行资本金在监管者看来也始终保持在充足水平之上。他对监管者没有及时关注资本充足率问题感到遗憾。

其次，资本准备金也加大了银行成本，而银行大部分情况下的准备金都足以应对破产，"在正常的银行业务中，突发的不利经济事件会侵蚀银行的资本金，但在绝大多数情形下准备金（坏账准备金加上股本金）都足以防范破产。随着时间的推移，利润留存和新增资本可以把损失的银行资本金弥补回来"。

也因此，资本金短缺问题并没有引起重视。问题就在于，危机情况下，资本金就会发生作用，避免出现因一家机构信用冻结而波及整个市场的事态。

比起对格林斯潘的历史评价，更值得思考的问题在于，格林斯潘的继任者是否还如此值得信赖？中央银行家对于货币是否还像过去那样具有强大掌控力？维持经济于内在的波动性与稳定性之间，货币政策能够做或者不可以做什么？这些问题如果没有得到解答，上一次危机的教训就面临被浪费的可能。

伯南克告别演讲：透明是货币王者保持独立的代价

说完格林斯潘，我们不得不聊聊本·伯南克，毕竟格林斯潘留下的烂摊子，是其继任者伯南克负责收拾的。

美国高官的谢幕，往往以一部传记开启其"旋转门"经历，2022 年诺贝尔经济学奖得主、美联储前主席本·伯南克也不例外。特别之处在于，他作为以研究大萧条起家的学者，自认对货币经济学和货币史学的研究贯穿其整个职业生涯，出人意料又顺理成章地在 2006 年成为美联储这个全球最大"货币王者"的掌门人，在 2022 年又获得诺贝尔经济学奖。他在美联储任上，甚至通过量化宽松等极端政策将其印钞功能发挥到极致，米尔顿·弗里德曼曾将这类政策理念讥讽为"直升机撒钱"，外界索性称伯南克为"直升机本"，坐实了其"印钞者"的称号。

对于经历了金融危机的伯南克而言，这本自传体《行动的勇气》不仅是一本解密金融危机内幕的书，也是一部理解现代央行与货币制度的指南。伯南克作为美国政治经济格局主要玩家的时间，其实比大家想象的久。他不仅在格林斯潘担任美联储主席时期就担任过美联储理事，而且在 2006 年接任格林斯潘出任美联储主席之前还短暂担任过总统经济顾问委员会主席。他不仅在金融危机期间发挥巨大作用，并且因此当选美国《时代周刊》2009年年度人物。即使在金融危机之后，尤其在其昔日上司小布什总统、昔日战友亨利·保尔森，以及蒂莫西·盖特纳相继下台之后，他仍旧担任美联储主席，随后主导了美国 3 次量化宽松政策的推出与退出。他任职时对于美国经济的影响不亚于昔日的格林斯潘，然而两人所处的时代以及个性不同，受到的评价也不同。

格林斯潘大概是最著名（如果不是最声名狼藉）的美联储主席，谈到美联储都不得不提到他。伯南克也不例外，他在自传的不少篇幅中提到自己在格林斯潘麾下的日子。伯南克从 2003 年开始担任美联储理事，当时"9·11"事件刚过去两年。此前他几乎没有从政经历，他曾经不无自嘲地对总统说，自己唯一的从政经验可能就是曾在小区附近的教育委员会服务过。那么是什么吸引他从学界转向政界？当时吸引他出任理事的原因很简单，即能够从内部研究美联储，有机会参与美国货币政策的制定。伯南克从此中断了自己的学术生涯投身政界，这其实也是经济学家普遍拥有的经世济民的梦想，甚至也算是呼应了他的书名"行动的勇气"，他如此反问，"经济学不被用于改善人们的生活，那又有什么用呢"？

有一点十分需要注意，严格来说，美联储理事并不是美联储主席的下属，美联储主席更多的是负责召集人的，不过美联储的传统之一在于理事们会追随主席，尤其是格林斯潘这样的强势主席。伯南克作为美联储理事出席第一次联邦公开市场委员会会议时，一些细节就足以说明问题，会议桌长 27 英尺、宽 11 英尺、重 2 吨，格林斯潘的位置位于椭圆形会议桌中间，周围依次围绕着各个部门的领导。作为资历最浅的成员，伯南克的位置被挤在会议室的角落，他自嘲道："那个位置位于格林斯潘主席的视线范围之外。"而格林斯潘直到开会前几分钟都还没有出现。这一次会议的座次安排，事实上很形象地表明了两人当时在美联储的地位差距。在格林斯潘时期，格林斯潘对于利率政策具有决定性的权威与影响力，内部人将格林斯潘称为美联储中"800 磅的大猩猩"，伯南克当时的作用更多是旁观和参与。

因此，在美联储担任理事的日子，伯南克其实过得并不算精彩，正是格林斯潘的离任，他才有机会发挥更多作用。当时刚刚走出学术界的伯南克，交际并不多，除了学术界的朋友偶尔会拜访，他多数时间是待在空荡荡的公寓，要么给家人打电话，要么吃着三明治看《宋飞正传》。

因为格林斯潘的影响力，他在任期内屡获"大师"的称号，他卸任的时候也几乎是他声望最高的时候。当伯南克继承格林斯潘衣钵的时候，外界曾经有过不少质疑。这也不是伯南克的资格不够的问题——麻省理工学院博士与普林斯顿终身教授的学术背景足够优秀，伯南克堪称"经济学金童"，但格林斯潘的影响实在过大，当时任何人比起格林斯潘都显得有些黯然失色。

对此伯南克其实有相当多的了解，因此他在自传中也分析了格林斯潘和自己的区别，他一方面肯定格林斯潘的卓越声誉和辉煌履历，另一方面则强调两人的背景不同：与自己典型的经济学教授的背景不同，格林斯潘是自学成才，甚至算得上是半路出家，格林斯潘的博士学历曾经中断，博士学位也是靠以往的文章获得的。伯南克认为，这使得格林斯潘和他对于世界和经济的认知有所不同：格林斯潘观察经济的习惯是先看树木后看森林，而伯南克则是先看森林，而非树木。伯南克不无谨慎地评价两人方法论的不同带来的视角不同，他认为格林斯潘的预测方法有时候的确会产生一些有趣的见解，甚至标准的预测可能无法取得这些见解，伯南克评价道："他很精明，知道大量深奥的事实，但他的思想具有明显的个人特质，与我相比，他对各种经济学概念的强调比较少。"

有趣的是，等到伯南克独当一面，在金融危机中发挥了不少作用时，外界的质疑却并没有停歇。那个时候，刚好格林斯潘的回忆录《动荡年代》出版，当"60分钟"节目的主持人问格林斯潘如何评价美联储应对金融危机的方式时，格林斯潘依旧"闪烁其辞"，客气地对伯南克说"干得不错"。伯南克记录这些细节，显然也很看重格林斯潘的评价，他一方面暗自希望格林斯潘的评价是正确的，另一方面随着危机继续恶化，他也开始反思格林斯潘回忆录的书名"动荡年代"蕴含的反讽意味。

和格林斯潘一样，伯南克也有下野的一天，但是最终他通过自己的学养、经历与判断，书写了自己作为印钞者的传奇。除了在拯救金融危机以及实施3轮量化宽松之外，他也留下了未竟的事业。一方面，他认为在自己担任美联储主席期间，美联储发生了重大变化，变得更加透明与更加注重维护金融稳定；另一方面，他也指出美联储的独立性正在遭遇政治风险。在政治大选之年，伯南克的担忧并不是空穴来风，他特别提到了很担忧三个提案：首先是来自肯塔基州的参议员兰德·保罗推动的《审计美联储法案》；其次是众议院一项议案，要求美联储决策者在制定利率时，遵守斯坦福大学经济学教授约翰·泰勒等人制定的利率公式，而不是依据自己的独立判断；最后则是针对美联储的紧急贷款机制施加新的限制。

金融危机毁灭了世界一次，也成就了美联储世界印钞者的身份。上述提案的初衷不同，但动机都有一部分是来自对美联储权力扩大的恐惧，这些提案其实对货币政策自主性以及独立性甚至"最后贷款人"都有限制。如果提案实现，那么美联储权力将会遭遇极大限制，这对于伯南克来说是不可接受的。他指出，这些思路不仅会造成极度严重的后果，对美联储也不公平，"当经济复苏没有起到普度众生的作用时，也就是说，没有让每一个人找到工作时，美联储却成了众矢之的"。

权力越大，期望越高，责任越大，落差也越大，这不仅是美联储的问题，更是多数公共机构面临的恒久难题。对于美联储而言，随着其转变为全球印钞者，很多老问题的讨论并没有停止，比如如何在限制印钞者权力的同时保持货币政策独立性？伯南克的解决方案在于主动透明，他认为央行神秘兮兮的日子是老黄历了，美联储不仅是世界上最透明的央行之一，也是华盛顿最透明的机构之一。换言之，他认为美联储会继续扩大透明度，但目的在于保持货币政策的独立性。

这一思路，其实笔者也很赞同，正如笔者在《货币王者》中提到的，审计美联储之类的提案或许给予美联储压力来继续扩大透明度，但是中央银行始终是金融危机不可或缺的最后贷款人。在一个金融危机频繁爆发的信贷经济中，我们不得不面对一个日渐强大的中央银行，未来将是一个大央行的时代。就像政府是靠不住的那句老话，也许我们不能完全相信印钞者，但是我们不得不相信专业人士的力量，对于货币王者而言，更进一步的透明是印钞者继续保持独立的前提与代价。

·金句抄录·

　　也许我们不能完全相信印钞者，但是我们不得不相信专业人士的力量，对于货币王者而言，更进一步的透明是印钞者继续保持独立的前提与代价。

·推荐阅读·

《行动的勇气：金融危机及其余波回忆录》

作者：[美] 本·伯南克

译者：蒋宗强

出版社：中信出版社

第6章

亨利·保尔森的危机启示录

本章从金融危机亲历者的角度，来聊聊金融危机。

"那是一个时代的结束。音乐很快就会停止。"时过境迁，美国前任财长亨利·保尔森回首金融危机仍然心有余悸，他在传记《峭壁边缘》中如此评点风雨飘摇中的华尔街："在崩塌的保险公司巨头、奄奄一息的购物中心、濒临破产的银行和几乎破产的汽车公司之中，美国人民目睹着一个比一个软弱无力的机构，一个比一个步履蹒跚的机构。"

当时的情况确实不乐观，要在一个不受国会欢迎的即将卸任的政府中担任财政部长本属不易，岂料又遇上金融危机这样的凄风冷雨。不过，曾经拒绝财政部长职位的保尔森为了"有所作为"从华尔街来到华盛顿，他在金融危机中的系列救援举措的一举一动都牵动着世界的神经，注定会被写入历史。

烈火烹油多年的世界经济繁华不再，全球经济衰退的钟声已经响起。几乎就在瞬间，旧日的舞会结束了，华尔街几乎沦陷。其实，早在音乐停止之前，时代已经悄然改变了。世界金融系统前所未有地紧密连接，也因此无比脆弱；投资银行和对冲基金等机构日渐壮大，对场外交易的监管却一直缺位乏力。一旦危机以迅雷不及掩耳之势爆发蔓延，昔日被奉为偶像的盎格鲁－撒克逊美利坚式的资本主义就受到千夫所指。世界普遍将美国视为罪魁祸首，这个阶段的美国财政部长，如同处于完美风暴的核心区域。

面对危机，极端保守派往往认为这是经济周期的自然呈现，市场会自动出清调试，不断倒闭的金融机构正是这一过程的体现。不过，现实世界中经济运行与公共决策更为复杂，这一触底过程的漫长时间成本与痛苦并不是每个政府都能承受的，毕竟从长期来说，我们都会死，况且加上金融机构彼此之间的瓜葛，使得形成了"一荣俱荣，一损俱损"的局面。

正是认识到这点，保尔森的市场直觉与果断行事风格使得他采取了更为果断的注资、接管等手段，来自华尔街的保尔森深知金融机构一旦死亡，速度将会非常之快，并且会波及其他机构。以拯救正在死亡的贝尔斯登为例，"如果贝尔斯登的问题只是它自身的问题，我们或许已经任由它灭亡。但我们知道，贝尔斯登的失败将让其他有类似麻烦的金融机构的命运也画上问号"。于是，他的角色就变得复杂起来，一方面需要促使唯一可能的买家摩根大通董事会同意收购贝尔斯登，同时必须潜在地保证美联储的利益或者纳税人权益，另一方面还得兼顾市场对底线的不断试探，正是一系列类似决议使得这部救赎史更为跌宕起伏，饱含争议。

在一个市场经济体之下，政府采取的干预措施通常情况下都难有道德立足之地——不管是自由市场的拥趸还是民粹主义的信徒，都会极力反对政府过分介入的救助。作为自由市场的追随者，保尔森及其同侪并非不清楚自己的做法的危险性，这属于被迫利用自己不信任的东西来拯救一直信奉的东西。事后梳理时，保尔森坚持认为当时已经别无选择，只能"临时抱佛脚，边做边弥补缺漏。别的办法都需要把方方面面考虑清楚，远水解不了近渴"。如果什么都不做，这场危机会演变成大街小巷都会被波及以及普通公民也会被卷入其中的灾难。

历史面前，我们即使能够猜中开始，也无法预知结局，更多时候甚至连如何开始也无从感知。聪明敏锐如保尔森，虽然早早注意到对冲基金和私募股权基金之类的不受管制的资本品种的迅速膨胀以及 CDS（信用违约转换）这类不受管制的场外衍生品的指数级增长，但也没有预料到危机将在房贷领域爆发，没能挽救雷曼于暴风骤雨之中。

通常而言，人类的叙述也难以保证记忆没有自我移植，但从《峭壁边缘》的风格来看，倒是与保尔森不习惯玩弄政治、直来直去的"飓风汉克"方式颇为一致——他一直坚持让别人称呼他为汉克，回电话速度超快，尤其喜欢面对面交流，偶尔在会议上情不自禁地喧宾夺主。从不少细节来判断，本书内容在很大程度上值得信赖，遗憾之处或许在于关键细节有待完善。其中，也有不少出乎大众意料的花絮八卦。

对于自诩在金融危机中独善其身的中国人来说，保尔森的著作的意义不仅有关于中国的大篇幅亲切的描述，更重要的或许在于个中滋味的幽微迥异。据说，保尔森离开财政部后，被问到最多的问题是：经历危机是什么感觉？从中获得哪些教训能帮助我们今后避免类似的灾难发生？前者明显可以通过回忆录找到答案，后者则更为隐晦。事实上，整个金融危机悲剧的台前幕后仍旧是一部利益博弈图谱，自信坚定如保尔森自诩拯救了美国人民与世界经济，也不得不面临政治的考虑，从党派的斗争到国会与立法的约束都无法回避。甚至直到雷曼倒闭之后，财政部才获得国会准许往金融机构注入资金的政令。他抱怨，美国政府或监管者直到今天仍然没有足够的力量拯救一家非银行金融机构使之免于破产。

换个角度来看，这正是资本主义制度的特性之一。即使保尔森看似如此理解市场与经济，他的理念也不可以完全相信，毕竟个体无法保证永远正确。也许正如他在书中所言，美国资本主义在发展的历史中一直寻求，在追求利益的市场力量和出于共同利益对这些力量进行驾驭和规范的必要法律法规之间找到适当的平衡，这本来就是一个不断试错不断修复的过程。

今天，金融危机的阶段看似已经被媒体置换为后危机时代，但金融系统的监管与政府对危机的应对仍旧面临缺失的问题。也许正如保尔森所言，我们只有经历一场危机，才能完成一些艰巨的任务，危机的启示如上，革命显然仍旧未完成，我们都需要时刻准备着。

美国资本主义在发展的历史中一直寻求，在追求利益的市场力量和出于共同利益对这些力量进行驾驭和规范的必要法律法规之间找到适当的平衡，这本来就是一个不断试错不断修复的过程。

· 推荐阅读 ·

《峭壁边缘：拯救世界金融之路》

作者：[美] 亨利·保尔森

译者：乔万涛

出版社：中信出版社

· 延伸阅读 ·

《压力测试：对金融危机的反思》

作者：[美] 蒂莫西·F.盖特纳

译者：益智

出版社：中信出版社

第 **7** 章

释放印钞这个魔鬼，能否解决债务

以往的篇章中已经涉及债务、印钞者、中央银行家，以及金融危机，这一章就探究在金融危机中，印钞者可否通过债务来拯救经济。

2008 年夏天，美国的雷曼公司申请破产保护，随后则是一段华尔街血流成河的历史。时任英国金融监管局局长阿代尔·特纳勋爵在《债务和魔鬼》一书中回忆这段历史的时候，曾经感叹自己完全不知道当时已经处在灾难的边缘，甚至自嘲自己近乎是撞上冰山沉没前的泰坦尼克号的船长。

正是在那个夏天，全球金融系统陷入了崩溃。在当事人的记忆中，特纳勋爵并不算特别后知后觉，更多的人对危机几乎毫无预期。我在金融危机中采访过很多一线人士，甚至为此写了一本《危机与转型》，事后我也一直在阅读各类回忆录，总体感觉大家不是对于危机爆发判断不足，就是即使预测到了危机，对其恶化程度也估计不足。身处美国 2008 年金融危机中心的保尔森之类的人物也是如此。当时的主流经济学家，比如诺贝尔奖得主卢卡斯等人，在危机前不久还表示"防止经济衰退的核心课题已经攻克"。时任美联储主席伯南克，直至 2007 年仍旧表示次贷危机对宏观经济不会有显著影响。那么，到底什么地方出了错呢？就像伊丽莎白女王造访伦敦政治经济学院时，也不禁发问，"为什么没能预测到危机？"时至今日，距金融危机过去 10 多年，许多国家的人均产出仍旧没有恢复到危机前水平。

2008 年金融危机倾覆了世界，而一切仍旧没有得到校准，这次危机虽然没有大萧条严重，其呈现出的问题也堪称当代宏观经济学的圣杯，至于在危机中诞生的中国四万亿政策，对于中国宏观经济学而言，也是一个珍贵的话题。某种意义上，金融危机对于多数人都是一次巨大的观念冲击乃至思想动力，写作是因为问题始终萦绕在人们的头脑之中，大家需要通过写作来厘清思路，也希望通过写作来酝酿对策。从这个意义而言，特纳的写作代表了一代人的困惑，也是一种责任。除了他之外，美国财经高官陆续出版回忆录，评论人士也纷纷出版了著作。

特纳勋爵在危机中推动了英国金融体系的重建，在危机过后，他便重新思考究竟是什么造成了危机，尤其是后危机时代，回顾昔日金融成就一切的乌托邦背后，隐藏着什么魔鬼？如果金融市场是无效率的，那么经济学的正统观念是否需要矫正？《债务和魔鬼》强调，在债务创造过程中，银行起到了积极作用。货币并非人们想象中的那样是由中央银行发放，而在很大程度上是内生的结果，银行在其中也不是被动卷入，而是积极参与了创造货币的过程。

特纳除了强调货币的内生性，也强调了银行系统自身的问题。在资本主义制度下，用金钱奖励金钱是惯例，也正因此，金融危机之后，多数银行家仍旧坐拥高薪，即使在2008年最危急的时刻，银行家们最关心的仍旧是自身的奖金。当时任美国财政部长保尔森告诉华尔街银行可以获得美国政府贷款时，一家大型银行的CEO最关心的问题居然是如何才能不影响自身的薪酬制度。抛开这类极端贪婪的案例，特纳的研究的特别之处在于发现了，即使是很理性的银行家，也会发放过多的错误信贷，比如房地产信贷。房地产在西方国家具有重要地位，房地产交易在英国等发达国家主要以二手房交易等形式存在，导致了债务堆积和经济萎靡等诸多恶果，甚至需要将债务作为一种经济污染而对之征税。

特纳的体系发展到这里，开始与主流意见出现分歧。当债务过于巨大，经济陷入停滞，如何刺激增长呢？一般而言，存在两种手段：信贷融资或央行印钞。信贷融资指的是四万亿计划之类的政策，而量化宽松属于后者。前者其实就是信贷推动的印钞，发生在银行系统与实体经济之间，优点是见效快，缺点是可能陷入无效投资和过剩产能的困境；而后者其实更多是一种宽松手段，发生在央行以及银行之间，问题则是见效慢。如果经济体内部没有信贷需求以及创新动机，那么放出再多货币也可能无济于事，甚至过于宽松廉价的信贷在没有足够的投资机会之下，要么如同西方的情况，流向缺乏生产性的房地产等资产领域，要么如同中国未得到管制时的情况，在各类 P2P、理财产品和房地产之间"空转"。

相比之下，特纳显然并不满意于上述两种常规手段。他强调修复银行不足以修复经济，甚至在这一修复过程中，债务实际上并未消失只是转移了。那么如何解决这一问题，有没有更好的政策选项？特纳在指出贫富差距、全球资本失衡、经济长期停滞等问题的基础上，提出一种听起来颇为激进的观点，即通过打破政策禁忌，直接将财政赤字货币化。换言之，印钞给政府花，可以在某些存在良好制度约束的国家"印制法定货币为公共财政赤字融资"。简而言之，就是在正规教科书中令大家谈虎色变的"财政赤字货币化"。

如何评价特纳？在对主流经济学的批评以及对经济问题的分析，尤其是对货币问题的看法上，我很同意特纳的观点，我在《货币王者》中也阐释了货币内生的观点。甚至可以说，特纳的分析突破了一般既定思维，体现出深刻的洞察力，比如他认为自由制度之下的金融发展，并非体量越大越好。以往大家都觉得金融越自由越好，金融越发达越好，事实上这种观念日益遭遇挑战，尤其金融的规模已经到了如此高的数量级：全球外汇交易量是全球贸易量的 73 倍，金融衍生品交易量也远远高于全球 GDP，衍生品未清偿余额在 2008 年高达 400 万亿美元，大概为全球 GDP 的 6 倍。在 2008 年之后，越来越多的研究认为金融过分发达，可能挤出经济收益。从资源配置而言，最聪明的人到金融机构任职未必是好事，很多精确到秒的衍生品以及高频交易的存在价值也日益被怀疑。

《债务和魔鬼》一书对于金融危机问题的理解以及分析都非常深刻，比较引发争议的一点在于其提出的解决方案，是基于印钞解决债务之上，这点恐怕多数人难以同意。到了 20 世纪，随着中央银行完全摆脱金本位，中央银行逐渐成为真正意义上的印钞者，然而印钞也有不同形式，我在《货币王者》中曾经区分过两种印钞：一种是津巴布韦式印钞，相当于印钱给政府开支，形同直接抢劫民间财富，往往伴随着恶性通胀，这种印钞在魏玛共和国提供了鲜活案例，民国时期的金圆券也是一个例子。另一种是美联储式印钞，主要是量化宽松，中央银行与商业银行之间的流动性等价置换，不摊薄单位货币币值，不影响准备金数量。

多数情况下，欧美强调的极端货币政策，多数是我所言的第二种印钞方式，即美联储式印钞，并不会影响纳税人拥有的购买力。然而，《债务和魔鬼》中的方案，正是我在《货币王者》中提到的我最为排斥的印钞方式，即直接印钞给财政花，这简直相当于将印钞的边界抹平，彻底释放了印钞这个魔鬼。值得一提的是，特纳的完整方案需要央行独立、设立更高准备金的银行等前提，甚至是偶然为之的实验，但即便如此，其结论仍旧堪称大胆。特纳承认印钞解决债务问题的方法并不完美，但是除了不完美之外，还有什么隐性成本呢？即使在英国等西方国家，印钞者如中央银行相对独立，同时政府可以问责，有相应制度制衡，在特定情况下通过印钞让政府解决财政赤字，也难以摆脱这样的疑问："什么才是合适的程度？用什么机制来保证这一尺度不会被突破？"而对于那些难以向政府问责的国家，甚至仅仅是提出"印钞给政府花"的可能性，都会进一步恶化好不容易建立起来的微弱约束，毕竟不同国家有不同的制度基础。

金融危机之后，各类突破极限的政策频出，我们正走在一条陌生的路上，正统观念正在受到质疑也应该受到质疑，唯愿质疑本身也接受质疑。

·金句抄录·

金融危机之后，各类突破极限的政策频出，我们正走在一条陌生的路上，正统观念正在受到质疑也应该受到质疑，唯愿质疑本身也接受质疑。

·推荐阅读·

《债务和魔鬼：货币、信贷和全球金融体系重建》

作者：［英］阿代尔·特纳

译者：王胜邦、徐惊蛰、朱元倩

出版社：中信出版社

·延伸阅读·

《金融炼金术的终结：货币、银行与全球经济的未来》

作者：［英］默文·金

译者：束宇译

出版社：中信出版社

第**8**章

历史制度主义看金融危机

本模块的学习，从人类学开始，看了不同国家在经历金融危机时的表现以及处理方法，也看了资深媒体人士的评价和危机亲历者的回忆，相信大家对于金融危机有了比较立体的了解。本章换个角度，从历史与制度角度来总结这场危机。

2008年金融危机刺激了无数经济学家、政策制定者乃至媒体评论员的创造力，多年过去了仍旧有源源不断的新作品出版。某种程度上，这次金融危机带来的智力激荡已经直追1929年大萧条。不过遗憾的是，新闻界的作品往往聚焦于发生了什么，往往突出银行家的贪婪，在详细叙述情节细节之余忽略了制度背景，而经济学研究往往聚焦于分析危机的各种经济学成因，对于不同原因的互动往往略过不谈，而其他学科对此的研究并没有出现类似的井喷，《宇宙的主人，市场的奴隶》算是一个特例。

该书的两位作者都有政治背景，分别是澳大利亚昆士兰大学政治学教授史蒂芬·贝尔和英国谢菲尔德大学教授安德鲁·欣德摩尔，这本书是基于一篇同名论文写成的，这篇文章获得了《英国政治科学杂志》2015年的最佳论文。"宇宙的主人，市场的奴隶"作为书名，初听起来有点奇怪，其实前后指代的都是同一批人，即处于金融危机中心的资深银行家们，他们在金融市场内外呼风唤雨，影响了自身，也影响了制度，而制度反过来也决定了他们的结局。简而言之，他们运用自身魔力，将银行业从严格监管制度之中解放出来，却使银行以及自身陷入更大的麻烦之中而无法自拔。

在金融危机之前，这批资深银行家处于各自公司的核心，他们中的大多数人推动了金融监管的放松，并且引导各自所在机构在随之而来的狂飙突进的金融狂欢中获得极大利益。从这方面而言，他们可谓"宇宙的主人"，引领银行业和金融业的革命，使金融业成为欧美的核心产业，英美银行纷纷推出各种高盈利性的金融产品，加之全球经济蒸蒸日上的势头，风险看起来遥不可及，甚至被认为开启了"铂金时代"（Platinum Age）。

金融危机的故事之中，记录的数据其实早早就发出了预警。金融危机之前数年，大概从2004年到2007年，不仅全球十大银行的资产负债表规模翻番，而且金融业成为经济核心产业，例如英国银行业资产负债表规模高达该国GDP的5倍。"宇宙的主人"一词如此贴切，来自一部著名小说《虚荣的篝火》中对一位华尔街大佬的描述，这部小说的同名电影由汤姆·汉克斯扮演主角，影响力直追昔日的经典电影《华尔街》。

从另一方面来看，这批主张放松管制的银行家或者监管者，往往又是自由市场的真正信徒。站在大时代来看，甚至金融监管放松，其实也是在20世纪70年代新自由主义的大旗之下进行的。随着金融自由化制度的确立，各种资产证券以及金融交易的扩张，改变了银行业的自身结构，带来了极大利益之余，也使银行竞争更为激烈，金融系统变得极不稳定，最终这些"宇宙的主人"也沦陷于自己一手创造的制度或者"金手铐"之中，逐步变为"市场的奴隶"。作者的结论在于，银行家放松监管的制度变革进程解放了银行业，其结果也"推动了以金融化形式发生的结构变革"。随后的故事则体现了另一面，正是受到了市场的制度和结构动态化的重大影响，银行家几乎被"奴役"，"而正是市场的制度和结构动态化促成了银行业的革命，并最终导致了银行家和金融家的败局"。

也正因如此，由于本书基于历史制度主义分析框架，其视角内主流的制度经济学甚至经济人假设都是不同的。一方面传统制度理论认为多数制度对行为人有着强烈的影响和制约，即制度决定人的行为，而不同的人区别并不大。然而作者认为这一方法具有局限性，除了夸大制度的约束效果，还忽略了行为人、制度和结构之间的互动，因此在本书中力图证明人对于制度有强烈的能动性，比如银行家在金融危机前对监管条款的影响，"主流的制度研究方法经常忽略制度与更宏大的结构之间如何互动，这也就意味着制度理论对于塑造行为人和制度变化的各类因素的描述范围也许过窄"。

另一方面，从主流经济人假设来看，银行家或者银行业应该会对外界激励作出正确反应，但是事实上，在竞争之中，多数人选择了跟从，即使面对非理性繁荣也在所不惜。回望金融危机，当时的线索其实相当明显，很容易得出"何必如此"的感慨，当时的繁荣显然是建立在不可持续的杠杆模式之上，作者援引研究指出很多明显不合理的情况，例如在2005—2006年间，发行了约6.4万支评级为AAA的证券，然而美国当时只有10多家上市公司具有相同的信用度，再比如加利福尼亚州年收入1.4万美元的草莓采摘工人，却可以获得72万美元的购房贷款。

因此，为了更好地理解金融危机，我们更应该从内部人视角来看，即以银行家的思维方式来看金融危机，"我们需要理解他们是如何理解金融世界的，是如何理解自身所承担的风险的"。作者认为，银行家的异常反应并不仅仅因为不合理的激励结构鼓励冒险，更在于他们恰恰基本上是"真正的信徒"，即当时交易员、首席执行官、监管者、投资者以及政客们都表现为"有限理性"，结果导致市场参与存在各种基于不完备信息所体现出的集体性的动物精神。羊群效应在市场之中成为主流，盲目乐观与盲目冒险成为主流，"市场中一种病毒式的极度亢奋开始控制许多银行家的思维，这导致他们轻视或忽视各种预警信号以及复杂或令人不快的信息"。

基于行为经济学研究揭示人的不理性或者有限理性，并不新鲜，可以追溯到学者赫伯特·亚历山大·西蒙、罗伯特·希勒、丹尼尔·卡尼曼等人的研究，但是行为经济学往往关注人，而不是制度和结构背景。也正因如此，本书的优势在于，基于历史制度主义的分析框架，一方面强调人的主观能动性，另一方面将人放在背景之中思考，结合制度经济学以及行为经济学分析，反映出在不同的市场类型以及不同的背景下，不同行为模式的表现。

值得一提的是，金融危机中受到批判的银行家模式主要聚焦于英国和美国，而加拿大和澳大利亚的银行在金融危机中则表现不同。加拿大等国的银行业在金融危机中几乎全身而退，这一现象日渐引起不少学界人士注意，比如《人为制造的脆弱性》对此也有讨论。《宇宙的主人，市场的奴隶》一书中，作者也对上述两种模式中的银行家以及激励模式作出比较，相比于英美银行业争先恐后推出复杂金融产品最终自毁长城，加澳两国银行业则更多转向传统银行业，不仅获得了不错的利润，而且也算避开了金融危机。

用历史制度主义观点看金融危机，尤其是银行和监管的互动，对比英美银行业在金融危机之中大伤元气，加拿大和澳大利亚银行作为模范代表是很好的案例。然而，银行业竞争不激烈，本身就是金融不发达的例证。优势与劣势的转换，放在历史之中往往就在瞬息之间。这是我在看到类似书籍时最大的困惑，毕竟波动性本身就是金融的一个要点。以我在《白银帝国》中提到的中国的故事为例，在宋元明时期都曾经因为发行纸币发生过通货膨胀，清朝没有发行纸币也一直没有出现过太高的通货膨胀。宋元明的纸币冒险起因于商品经济发达，失败于贪婪，但是清代的经验也难说是绝对成功的，正因为其在金融方面的保守与落后，也导致中国一直固守银本位，使得中国在金融方面不仅落后于欧美，也落后于邻邦日本。

我们不仅要从历史看现实，而且要动态地思考当下，经济是一个复杂系统，而掌握长期被忽略的货币等知识至关重要，我们正在走向前所未有的未来。

·金句抄录·

随着金融自由化制度的确立，各种资产证券以及金融交易的扩张，改变了银行业的自身结构，带来了极大利益之余，也使银行竞争更为激烈，金融系统变得极不稳定，最终这些"宇宙的主人"也沦陷于自己一手创造的制度或者"金手铐"之中，逐步变为"市场的奴隶"。

·推荐阅读·

《宇宙的主人，市场的奴隶》

作者：[美] 史蒂芬·贝尔、[英] 安德鲁·欣德摩尔

译者：廖岷

出版社：中信出版社

·延伸阅读·

《监管：谁来保护我投资》

作者：[马来西亚] 沈联涛

译者：程九雁、叶伟强等

出版社：江苏文艺出版社

《十年轮回：从亚洲到全球的金融危机》

作者：[马来西亚] 沈联涛

译者：杨宇光、刘敬国

出版社：上海三联书店

第四模块

博弈

社会如何竞争合作

第**1**章

人类如何通过博弈合作

这一模块的目的在于搞清楚人类社会如何通过博弈合作，所以我们不仅会从传统经济学的视角，也会从行为经济学、政治学甚至生物学等视角切入，全方位审视这一问题。

我们都知道，人类社会是通过合作取得进步的，但我们从生活中观察到，不合作也是一种常态。人性充满复杂性，合作和背叛正如善恶一样永远并存，绝对的合作以及绝对的背叛，正如绝对的善恶一样不符合生物法则，自然难以在进化中胜出。

那么，更进一步追问，合作怎样才能实现呢？在什么情况之下，合作可以达成？合作在多大程度上可以改善人类的福祉？懂得合作是否是我们区别于黑猩猩的一大特质呢？这些问题在这一模块都会谈及，今天我们先用经济学思路去看合作与博弈。

作为近些年一直在为市场理念奔走呼告的经济学家，张维迎早些年出版的《博弈与社会》，算是回到他在学术领域的当行本色，也就是博弈论的研究，这本书主题就是"人类如何才能更好地合作"。

说起博弈，中文语境中似乎不无负面含义，离不开权谋与算计。博弈最早的意思为棋牌与赌博，古人有云"出为盗贼，聚为博弈"，在孔子看来这比"饱食终日"好一点点。孔子在《论语·阳货》中说："饱食终日，无所用心，难矣哉！不有博弈者乎？为之，犹贤乎已。"至于博弈论，全称是"非合作博弈理论"，也每每引来误解。

也正因此，《博弈与社会》不乏为博弈论正名的含义，张维迎将博弈论定义为"道"，而非人们惯性思维中的"术"，他强调博弈论真正关注的是如何促进人类的合作。书中不乏专业的博弈论知识，对于普通人也有启发意义，不过我更希望强调本书与一般经济学教材的不同之处，那就是从制度视角强调合作对人类社会演化的作用。

从行为经济学的角度而言，合作往往取决于三大要素，首先是合作的收益与成本分析，合作有利就合作，反之则否；其次是群体规模，群体规模往往与信任成本有关，一般规模越大，越难达成一致；最后则是群体内的信号交流，有效的信息交流往往有利于合作的诞生。

聊到这里，那么你可能会回到开篇的问题，人类为什么不合作呢？你会发现，人类不合作其实和犯错的理由差不多，要么是无知，要么是自利。无知是因为知识匮乏，不知道合作有利，而自利则是因为想保住既得利益，占更多便宜，二者都是人的天性。

回想一下，博弈论中有个著名的案例——囚徒困境（Prisoner's Dilemma），这个案例经济人读书会书友应该都知道：如果两个共谋犯罪的人被抓，在双方不能沟通的情况下，两人都不揭发对方，那么两人都会被轻判，因为证据不足；如果一个人揭发另一个人不揭发，那么选择揭发的一方被释放，而不揭发一方就会被加重惩罚；如果两个人互相揭发，两人都会被重判。

如果你是囚犯，你会如何做？在现实情况下，因为彼此不信任，囚犯往往倾向于互相揭发，警方也很好地利用了这种信息不对称。

某种意义上，囚徒困境也是人类合作困难的真实隐喻，无论是环境保护等公共话题还是身边的人际关系。那么，如何不断超越囚徒困境，事实上也成为人类谋求发展的晋阶之道。从演化博弈的角度来看，囚徒困境有望被突破，即如果重复博弈的次数足够多，人们会逐渐倾向于合作，即所谓的演化稳定博弈。

那么，这种稳定状态如何形成？可能是基于社会规范，也可能是基于法律制度，更可能是二者兼备。张维迎认为二者的作用往往体现为激励合作、协调预期、传递信号。无论是法律制度还是社会规范，一种行为模式之所以能够成为社会惯例，往往也是因为人们在多次博弈之后发觉遵守它有利于自己，而且相信别人也会遵守它。正如张维迎所言，"规范之所以是规范，是因为它是一个演化稳定博弈。如果一个规则系统地偏袒特定的人群，这个规则就可能不会得到普遍遵守"。

所有问题的答案，其实都在思考之中，问题的逻辑最终会自我呈现，就像《博弈与社会》的主题。事实上也是全书完成之后，张维迎才总结出这是一本让人类阅读之后能够更好合作的书，而传统经济学对于资源最优配置、一般均衡等问题的过分关注，往往存在误导，"只有理解了人们为什么不合作，我们才能找到促进合作的有效途径"。

如此可见，一个更好的社会，往往是能够提供更多合作机制的社会。这样的社会生态，往往也接近哈耶克所谓的"人之合作的扩展秩序"，哈耶克将这种秩序定义为"一种事务的状态，在这种状态中各种要素彼此复杂地关联，我们可以根据对整体中各部分要素的认识，去形成对其余部分的正确预期，或至少此种预期能被证明为正确"。

一方面，这样的秩序往往是多年演化的自然结果；另一方面也可能是被伟大人物扭转的突变结果，这种人物被张维迎称为"制度企业家"，如果说一般企业家意味着商业的创新，那么制度企业家则意味着观念的创新。对照当下，或许正需要这样的制度企业家来进行观念的创新，进而带动制度的改进。当然反过来说，诞生制度企业家的土壤可能更多也是基于合作的结果。

回到经济学中"经济人"的原型，回顾一下第一模块第一章谈到的经济学鼻祖亚当·斯密。在他所写的《国富论》中，有这样一句名言："每天我们需要的食物和饮品，都源自屠夫、酿酒师、面点师的利己心，而非他们的恩典。我们只说能刺激他们利己的话语，不能说刺激他们利他心的话语。我们只能提给他们带来的好处，不提自己的需求。"

这句话大家都听过甚至学过，但是在不同语境下有不同的解释，在当下一般均衡占据主流的经济学中，又被引申为人的经济活动基于自利、人能一以贯之自利且人有能力实现其自利目标的三位一体的假设。对照现实，这一递进的逻辑链条难以说得上是严丝合缝。在全球化的今天，重新审视这段话，不由得可以看出新的意思："看不见的手"一手是自利的驱动，一手则是合作的并存，自利诞生合作，合作促进分工。

从演化博弈的角度来看，囚徒困境有望被突破，即如果重复博弈的次数足够多，人们会逐渐倾向于合作，即所谓的演化稳定博弈。

·推荐阅读·

《博弈与社会》

作者：张维迎

出版社：北京大学出版社

第 **2** 章

人的本性：自私的基因

本章继续讨论博弈，我们尝试突破一下，从生物学角度看博弈。

看问题要区分客观事实和主观观点，甚至立场。想象一下，假如我们是外星人，从数万米高空俯瞰这蔚蓝星球上的亿万生灵，从茹毛饮血到文明昌盛，那么一个问题就自然出现了，作为与黑猩猩基因相似度超过96%的物种，人类凭什么可以成为万物灵长呢？

物竞天择看似是天道循环，现实则未必如此。博弈论在近些年引入了更多的跨学科思路，比如生物进化博弈、行为经济学等，产生了一些有趣的研究结果。本章我们就从生物学角度聊聊合作，介绍一下两位科学家爱德华·威尔逊与理查德·道金斯的著作，即《论人的本性》与《自私的基因》。

20世纪70年代到80年代曾经是生物学大出风头的年代，

《论人的本性》与《自私的基因》都是这个时代的典型产物。《自私的基因》很多人应该都了解，我们先来说一说美国生物学大师爱德华·威尔逊和他的《论人的本性》。

威尔逊不仅发表了《昆虫的社会》《社会生物学》《论人的本性》三部曲，而且一手开创了社会生物学（Sociobiology）这门新学科。威尔逊的书从诞生之日起就遭遇了很多挑战，书中的内容不仅越过了学科的界限，而且对种族以及人性等基本观念发起了冲击。

回顾一下半个世纪前的情况，和今天其实很不一样。威尔逊回忆，其实20世纪70年代，世界对于人性的理解还处于两个基本观念之中。首先，对于神学家或者信徒而言，"人类是禁锢在动物躯壳里的黑暗天使，等待着救赎和永生"，他们倾向于认为人的本性中存在善恶两种倾向。与此对应，受过教育的人，或者说知识分子，即使有宗教倾向，他们的本质是在质疑是否存在人性，很流行的观念是"人脑是一块白板或是由几种基本的感情驱动的机器"，或者是"用个人经历和学习构筑心灵的全能计算机"。

前一种观点大家可能觉得有点古老，而后一种观点，在人工智能流行的当下，听起来是不是有点熟悉？可见经典之所以重要，不仅在于它们能够触及时代的核心问题，而且在于这些讨论在后世还能引出启发与讨论，所以大家学这门课时要知道，知识并不总是越新越好。

站在这个维度，威尔逊的创新意识可见一斑。他质问还有比人性更重要的课题吗？他认为人性显然是存在的，由复杂的情感趋向和学习倾向组成的，大家也许更习惯称其为本能。

威尔逊最早是一位生物学家，他在 20 世纪 50 年代就发现社会性昆虫世界和人类世界存在相似性，"尽管脊椎动物和昆虫的种系相隔很远，沟通体系也有天壤之别，但这两类动物的社会行为进化复杂程度相当，而且在许多重要细节上有相似之处"。最终，他得出结论，社会就是族群，甚至在社会行为生物学和族群生物学整合的基础上提出了一门新学科——社会生物学。

社会生物学这个新学科从诞生之初就争议十足，威尔逊认为社会生物学是一门科学，是对生物体（包括人类）各种形式的社会行为之生物基础进行的系统研究。

社会生物学的提出，不仅是多了一门学科，对于普通人而言，其实是再次提醒我们具有生物性，正如威尔逊所言，"我们是地球生物圈中适应环境生存的生物物种，这样的物种还有很多，无论我们的语言和文化多么灿烂，无论我们的思维多么丰富和微妙，无论我们的创造力多么强大，我们的心理过程依然是大脑的产物，而大脑正是在自然这块铁砧上用自然选择这把锤子锻造而成的"。

如果人只是蚂蚁一般的社会性生物，那么关于人性诸多高贵的判断和瑰丽的想象也显得有些不切实际。威尔逊宣称应该将人性研究作为自然科学的一部分，把自然科学和社会科学以及人文学科统一起来，人类的利他主义"从根本上说，充满了哺乳动物的感情冲突"，甚至圣人的案例"与其说是人类利他行为的过度膨胀，不如说是利他主义的僵化，利他主义自然要服从生物学法则"。

威尔逊强调基因对于人类社会以及选择行为的作用，不过基因的作用广为人知要归功于《自私的基因》一书。1976 年，英国著名演化理论学者理查德·道金斯发表著作《自私的基因》，这是他的第一本书，也是他最出名的书。他以基因为单位的演化的观点引发许多关注，他还将基因作为人类行为的重要分析点，宣称"我们都是生存机器——作为载运工具的机器人，其程序是盲目编制的，为的是永久保存基因这种禀性自私的分子"。

《论人的本性》和《自私的基因》在当时造成的社会影响非常大，不少人甚至对此感到绝望，简直有点类似达尔文在维多利亚时代说人类起源于猴子时所引起的社会反应。

如今，经历多次全面解放个性的人，如何被证明只是生物，甚至被证明由基因这样的渺小物件所驱动？在人工智能大力发展为背景的当下，重读探索人性的书，其实对于厘清未来大有帮助。这两本书至今畅销不止，其实更在于这两本书的探讨深入到人性的本质，或者说"第一性原理"，这是一个物理学概念，类似"第一推动力"这样的宗教词语。学习一个理论，绕不开类似"第一性原理"的知识，简化但是直达本质，而经典之所以重要，还在于它们每每探讨了核心概念。

　　无论对人性还是对基因进行研究，其实都意味着，今天的人类还是带有自然进化和社会进化的印记，理解并接受甚至超越这一点，不仅不会让我们沉沦，反而让我们获得更大的自由，去思考更深远的问题。

· 金句抄录 ·

学习一个理论，绕不开类似"第一性原理"的知识，简化但是直达本质。而经典之所以重要，还在于它们每每探讨了核心概念。

· 推荐阅读 ·

《论人的本性》

作者：[美] 爱德华·威尔逊

译者：林和生、谢显宁、王作虹

出版社：贵州人民出版社

《自私的基因》

作者：[美] 理查德·道金斯

译者：卢允中、张岱云、王兵

出版社：吉林人民出版社

第 **3** 章

博弈的希望：人是超级合作者

我们谈过从经济学角度看博弈，从生物学角度谈人性，那么二者结合又能擦出什么火花呢？

从《论人的天性》到《自私的基因》，两位大师传递的信号绝望而强大，这个类似"黑暗森林"的理论，有没有破解之法？还真有，有个人被认为是继爱德华·威尔逊、理查德·道金斯之后对进化论贡献最大的人，看看他能给我们带来什么"正能量"呢？先介绍一下马丁·诺瓦克的背景，他是有天才气质的跨学科学者，32 岁就任牛津大学数学与生物学教授，目前担任哈佛大学进化动力学中心（PED）主任，这位出生于奥地利的生物学家甚至被誉为"当代达尔文"。

我们回想一下，上一章聊到的问题，关于人类合作和不合作的问题，现实生活中两种情况都很普遍。那么，你可能会问，人类的天性是倾向合作还是竞争？从生物学角度而言，人也是动物，"我们以及其他一切动物都是各自基因创造的机器"。而基因都是自私的，那么人类社会如何在自私的竞争中合作呢？

从经典进化论角度看，可能会强调人类基于优胜劣汰，通过自私的竞争而胜出，如科学家道金斯《自私的基因》之类的著作已经鼎立殿堂。但是，从常识判断即可得知，如果只有高度竞争，那么人类即使赢过其他物种，也会在内部自我崩溃。换一种思维来看，关于人类进化的故事应该还有另外一面，人类的进步显然也依赖合作，道金斯也不得不承认："成功基因的一个突出特性是其无情的自私性。这种基因的自私性通常会导致个体行为的自私性。然而我们也会看到，基因为了更有效地达到其自私的目的，在某些特殊情况下，也会滋长一种有限的利他主义。"

就合作而言，以往经济学往往倾向于指出人的天性是自利的，而合作往往是经过理性计算的选择。但在学者马丁·诺瓦克的研究中，其结论则与经典思路相背离：合作，不仅是一种理性考虑的结果，其出发点往往更接近本能，似乎比起竞争更接近人类的本性。他的实验也揭示，人们的第一反应往往是合作，而经过思考的决策往往倾向于不合作，但重复博弈仍然为合作策略留下了充分的空间。

如果说《自私的基因》《论人的本性》是从经典生物学角度来解析人类社会的演化，张维迎的《博弈与社会》代表了经济学从理性视角看待竞争与合作（虽然它们或多或少都与经典论述有些不同），那么诺瓦克的研究以及他的著作《超级合作者》则更进一步，是从生物进化策略角度讨论了人类合作的可能。对比诺瓦克的研究与《博弈与社会》《自私的基因》等著作，可以得出很多有趣的结论。诺瓦克的突出贡献就是将数学、博弈论、病毒原理等知识与生物学整合起来，他的研究结论之一就是合作是继突变和自然选择之后的第三个进化原则。

按照道金斯的观点，即使有利他行为的存在，其意志主体也是基因而不是个体，"一个基因有可能帮助存在于其他个体之内的其自身的复制品。如果是这样，这种情况看起来倒像是个体的利他主义，但这样的利他主义是出于基因的自私性"。正因如此，人类或者其他群居动物，也是为了自利结合，"动物之所以要聚居在一起，肯定是因为它们的基因从群居生活的交往中得到的好处多，而为之付出的代价少"。所谓带有利他性质的合作和预警往往也是为了基因的延续，血缘关系往往成为决策的重要依据，如何延续基因数量以及扩大遗传规模成为是否合作的基准，往往出现的局面就是"你为我挠挠背，我就骑在你的头上"。

这听起来不无黑暗之处，不过对于人类来说，亲缘选择并不是唯一的合作机制，此外还存在直接互惠、间接互惠、空间博弈、群体选择的合作机制。相比之下，诺瓦克试图为我们揭示更多生物进化的光明性，除了"我给你挠挠背，你也会给我挠挠背"这样的直接互惠，人类还会因为间接互惠等因素合作，典型表现就是"我给你挠挠背，就会有其他人来给我挠挠背"，这使得名声之类的信息机制有了发挥余地。更进一步，诺瓦克强调，人类独有的伟大进化就是服务于间接互惠，不同语言的诞生，正是源自言说双方都能从语言中分享收益，而且收益大于成本，导致语言与合作之间的同步进化。

比起一般茹毛饮血的动物，人类的特点可谓具有复杂社会结构与组织的物种，也就是其突出的社会性，那么合作在社会中为何会实现？在北大经济学教授汪丁丁的《行为经济学讲义》中，他给出三种解释路线：作为大脑的基因功能、成本－效益分析的利他行为、哈耶克的群体演化理论。

一般而言，合作不仅与收益有关，也与惩罚机制有关，合作在社会网络的持续存在，关键之一在于利他惩罚者的存在，也就是当有人不守规则之际，会遭遇惩罚，即使这样的惩罚对于实施惩罚者并无直接好处。"社会网络有局部性并且相互作用，这些子网络必定会持续繁衍并出现合作秩序，而一旦个体已经处于合作秩序之内，个体理性的选择就将是合作而不是背叛，因为此时社会中已经出现了足够多的利他惩罚者"。值得注意的是，惩罚固然重要，但是奖励的作用更大。从诺瓦克的实验来看，实施报复性惩罚的玩家，成绩往往都很糟糕，也就是说，对于公共事业来说，奖励比惩罚更能促进合作。

站在群体的角度来看，利他行为对于个体竞争未必占优势，但是对于群体则有显著意义。从群体角度而言，诺瓦克指出人类是超级合作者，同时智慧生命也是脆弱的，因为他们已经具备了自我毁灭的能力，可见文明在何种程度上都是需要呵护以及培育的。诺瓦克的研究表明，只要群体中的个体愿意为群体利益而付出自己的代价，这样的群体就会拥有生存优势。最后似乎可以回到一个基本原点，那就是威尔逊的一句名言（这也是经济学者孙涤非常喜欢的一句话）："在群体内部，利己者优于利他者；在竞争群体之间，利他群体战胜利己群体。唯此为大。"

　　本章不仅谈了"当代达尔文"的关于人是超级合作者的研究，还对比研究了此前几章的内容，从经济学和生物学等角度跨学科谈论了人性、博弈与社会。

·金句抄录·

　　人类是超级合作者，同时智慧生命也是脆弱的，因为他们已经具备了自我毁灭的能力，可见文明在何种程度上都是需要呵护以及培育的。

·推荐阅读·

《超级合作者》

作者：[美] 马丁·诺瓦克、[美] 罗杰·海菲尔德

译者：龙志勇、魏薇

出版社：浙江人民出版社

第 **4** 章

错误的行为，正确的经济学

我们之前从经济学角度看博弈，已经涉及很多行为经济学的内容，行为经济学是这些年的大热门，尤其在理查德·塞勒获得2017年诺贝尔经济学奖之后。本章就推荐他的一本书《错误的行为》。

塞勒的著作《错误的行为》不仅可以看作他个人对于行为经济学的求索之路，也可以看作行为经济学开枝散叶变为主流学科的过程。正如他所言，50岁以下的经济学家都会谈及行为经济学。

他从1995年起任芝加哥大学商业研究生院行为科学与经济学教授、决策研究中心主任，青年时赶上行为经济学发轫的阶段，得到阿莫斯·特沃斯基和丹尼尔·卡尼曼等大牛指导，还是丹尼尔·卡尼曼的论文合作者，罗伯特·希勒也曾引用过他的研究。他的研究聚焦于心理账户、自我控制、公平与金融等。

塞勒对于经济人认知的颠覆与他刚当老师时的一次经历有

关。他当时教微观经济学这门课，学生对他很不满意，理由是他的课程期中考试成绩很低。因为他期待考试对学生的考查有差异性，可以将学生分为不同等级，这也意味着他的考卷对于大家来说过难，他得到了他想要的结果，考试成绩差异性足够大，然而总分为 100 分的考试，全班的平均分却只有 72 分。事实上，最终的考试成绩是以 A、B、C、D 划分的，考试分数其实不影响大家等级，但是学生还是对 72 这样的平均分很愤怒。

作为年轻老师，惹学生不高兴不是件好事，塞勒希望保住饭碗，于是他做了弥补，他把考试总分从 100 分提高至 137 分。如此一来，如果学生答对其中 70% 的问题，平均分就能达到 96 分。其实考试难度比上一次略难，但是结果出来后皆大欢喜，虽然学生们知道满分是 137 分，但是 137 分不容易与百分制直接折算，看到自己分数接近或超过 100 分，大家欣喜若狂，而不会过多思考自己在百分制下的成绩。

你可能觉得学生们看起来很愚蠢，但经济学家们愚蠢起来也没好到哪里去。塞勒去芝加哥大学求职的时候，面试完，经济学同人们送他出来，在停车场看到地上有 20 美元，他毫不犹豫地捡起来，结果大家都哈哈大笑。这是一场故意设置的测试。这个场景对于经济学家来说很讽刺：按照芝加哥学派的名言，如果地上有钞票经济学家也不会捡，因为如果钱是真的，别人一定早就捡起来了而等不到你来捡。这个小插曲看起来最终并没有影响塞勒在芝加哥大学就职。

行为经济学的一连串研究，看起来像人类蠢事傻事的集合大全，让人大跌眼镜之余，其实也让人重新思考这些看似"错误"的行为背后的认知。这些认知有什么帮助呢？我觉得可以从三方面展开。

首先，就人性与经济学的判断而言，人并不具有经济学理想中的理性，至少生活中大部分情况下不具备，在做关键决策时也并不具备。换言之，人的理性具有有限性，人天生具有非理性倾向，甚至理性往往是感性的随从。这并不是对主流经济学的全然颠覆，而是拓展了经济学对于人性的认知，经济人的模型不用被抛弃，但是大家应该认识到其有限性。

其次，上述这点可以给我们很多启示，也会改变很多既定思维，不仅是在个人生活之中，在管理学以及公共政策中也提供了很多帮助。行为经济学影响最大的领域是金融学，原因就在于金融市场数据的丰富和完善可以迅速检验，相比之下，宏观经济学因为很难检验，所以对于行为经济学接纳有限，而塞勒最期待行为经济学在宏观经济学能够有所发展。即使行为经济学目前在宏观经济学影响有限，但还是可以在宏观政策制定方面发挥作用，毕竟经济学是对公共政策影响最大的学科。很多时候公共政策不仅要有好的动机，有经济学的传统考虑，也应该考虑行为经济学角度的意见。比如塞勒时常提到一个案例，即教师在开学前领到奖金比学期结束时领到奖金，对于学生的帮助更大。塞勒以往和政届人士合作时运用的助推手段的很多思路也与此有关，他曾经与白宫人士卡斯·桑斯坦合作出版过一本《助推》，建议政府应该用"助推"的手段帮助民众作出最佳决策。

最后，从大历史的角度审视当下，我们可以对非理性行为以及行为经济学有更多思考。正如外界所持续鼓噪的那样，这是人工智能时代，人的非理性其实有更多价值。人类进化到今天，绝不仅仅是理性的结果，也是非理性的结果，这些看似非理性的行为往往源自数百万年前的进化遗迹。某种意义上，非理性和理性一起塑造了人类，帮助人类进化，这其实就是人类智能的突出之处。相比之下，人工智能的进步往往体现在确定规则之下的博弈，比如战胜围棋高手李世石的阿尔法围棋之类。那么展望未来，人类的优势可能就是在不确定情况之下的博弈，从这个角度而言，人的动物性其实是在保护人类。

更进一步，越是计算机时代，对于各种非理性行为以及行为经济学的研究就越值得挖掘，在一个人脑面临被机器超越的时代，或许会成为科技飞跃与人类自救的最后一张船票。

再补充一点，行为经济学虽然因为塞勒获奖而备受关注，但从长期来看依然还是非主流。从某种意义而言，选择行为经济学的学者都有点离经叛道，因为这是一条走的人很少的路，但在这条路上作出成就的人，往往也富有主流经济学不常见的智慧。理查德·塞勒就是其中一员，是在行为经济学领域正在冉冉升起的明星，著名行为经济学家卡尼曼就曾评价说："塞勒最大的优点或者说他的与众不同之处，就是他很懒。"

·金句抄录·

更进一步，越是计算的时代，对于各种非理性行为以及行为经济学的研究就越值得挖掘，在一个人脑面临被机器超越的时代，或许会成为科技飞跃与人类自救的最后一张船票。

·推荐阅读·

《错误的行为：行为经济学的形成》

作者：[美]理查德·塞勒

译者：王晋

出版社：中信出版集团

东西方竞赛的终点：文化还是地理

其实谈博弈，除了人际关系层面，还有国家层面，甚至文明层面。本章我们就聊聊东西方文明的博弈，介绍的是历史学家、斯坦福大学历史学和古典文学教授伊恩·莫里斯的著作《西方将主宰多久：从历史的发展模式看世界的未来》。

"东方是东方，西方是西方，二者永无交汇。"英国诗人吉卜林曾经这样写过。事实上，早在 20 世纪这一波全球化之前，东西方文明早已经相遇，不仅有多次和平交流，更有各类战争冲突。关于东西方文明走向以及比较的著作也浩如烟海，西方缘何主宰当今世界？东西方文明的分流如何发生？东方的落后是长期决定还是短期决定？文化重要还是地理重要？等等。

东西方文明比较的问题不乏大量的讨论，从学界到民间，大家对此类宏大的话题都充满超常的想象力和极强的发言欲。如此情况下，跳出既有框架与研究视角就非常有必要，在伊恩·莫里斯的理解之中，西方的领先根本不存在长期决定论或者短期偶然因素，地理显然比文化等人为因素更为重要。

伊恩·莫里斯抛弃了英雄人物、文化因素以及人口基因等单一而主观的惯常解释因素，他甚至断言"过去16000年来东方和西方社会发展惊人的相似性，表明两个地区的文化特性并没有很大不同"。他认定人群同源，组成大致相仿，基因等方面并无太大差异，那么剩下的解释因素只有"地图"，因此生物学和社会能够解答全球范围的相似之处，而地理则能解释地区差异，而且地理与社会是两条双行线，"虽然地理推动了社会发展，但是社会发展决定了地理的意义"。

经济学家的确过分追求简化，历史学家的问题则往往是过分沉迷细节，各类著作都难免有各种争议。莫里斯的观点初看延续了贾雷德·戴蒙德畅销书《枪炮、病菌与钢铁》的逻辑，但也有自身特点，他不仅提供了可以度量的指标，也提供了很多生动的历史细节，两方面都做得很好。一方面，莫里斯选择了长时段的历史比较，从东西方文明分野开始，其时间跨度长达5万年，另一方面他借助了别的学科工具，创立"社会发展指数"作为东西方发展的文明度量，借此说明财富如何从东方转移到西方，而最近几十年东方的追赶则或许揭示，东方社会有可能在2050年全面超越西方。

在他的指标中，东西方一直处于此消彼长的竞争状态，西方主宰并非长期决定，而东方也并非长期领先。直到公元6世纪中叶，东方的社会发展速度才超越了西方，"截至公元 700 年，东方的社会发展程度比西方高了 1 / 3。到公元 1100 年，将近 40% 的巨大差距超过西方占据发展优势的 2500 年中最大的东西方差距"。至于 1500 年之后东方的逐步落后，莫里斯将原因归结为海洋时代的来临，"当沙俄和中国忙于关闭旧的草原通道时，西欧国家正在试图打开一个全新的海洋通道，这一通道的开辟将更剧烈地改变整个世界的历史"。

所有的争论都是名词之争，东西方文明这样的庞大课题也不例外。甚至定义"何为西方何为东方"就是一个难题，据历史学家诺曼·戴维斯考察，西方的学术定义超过二十种，其结论是西方"几乎可以被其定义者以任何他们认为合适的方式进行定义"，"西方文明本质上是个知识建构上的混合词，可用来进一步为其创造者的利益服务"。

为了避免东西方定义意识形态化，莫里斯将"东方"和"西方"定义为欧亚大陆最东端和最西端的驯养生活核心地区。因此，在他的框架内，"西方"最早指的是底格里斯河和幼发拉底河的源头地区，随后囊括了今日欧洲全部及美洲、大洋洲和非洲海岸；所谓"东方"，最早是指黄河和长江之间的地区，后来则陆续包括东南亚各国、菲律宾、朝鲜半岛、日本。

选定研究目标之后，莫里斯的社会发展指数确立了四个特性，也就是能量获取、社会组织、战争能力、信息技术。这四个指数或多或少脱胎于联合国人类发展指数 HDI（Human

Development Index），但莫里斯反复强调他自己是反复考虑各种因素后才得以确定这四种指标的。

莫里斯的框架并非无懈可击，他对于东方的界定显然过于狭隘，而且其选择的指标如何构成，又有多少可信度呢？一直以来，对于社会发展指数的批评和质疑不少，因此莫里斯一方面作出回应，另一方面在新著《文明的度量》中将社会发展指数延展到之前未被囊括在其定义的东西方之内的新世界（如澳大利亚等），并宣称得到一致结论。莫里斯强调该指数主要贡献之一是迫使分析家分析得更加清楚明确，"指数是形容需要作出解释的模式的宝贵工具，那些像我一样持这种观点的人都不得不详细地讲清自己的证据和方法。那些持不同意见者或认为指数的设计或运用不合理的人，也能够清楚地看到指数是怎样运作的，从而进行详细的批驳"。

数据始终是历史研究中的命门，没有数据不足以谈论，但很多数据都是估算，莫里斯的指标也不例外，虽然他也宣称他使用的历史数据都是基于估算，但是他强调自己的误差低于10%，最高不超过20%。是否如此，可以在《文明的度量》一书中比较印证。

回头来看，莫里斯的研究对于我们有什么价值呢？莫里斯野心巨大，立场也超越了简单的东西方之分，他跳出长期决定论与短期决定论窠臼，给予东西方文明发展以清晰的历史脉络，试图为未来人类文明发展廓清道路。反过来说，正是这样的清晰，让人有时候有些恍惚，文明毕竟是复杂系统，再复杂的指标恐怕也难以厘清，何况非理性的因素在历史进程之中难以度量，却往往十分重要。

安德烈·贡德·弗兰克的《白银资本》和"加州学派"彭慕兰的《大分流》提出的观点认为，中国近代的落后是偶然的。前者带有鲜明左派特色，将"欧洲中心论"看作霸权，将亚洲尤其是中国置于全球经济的中心，大为肯定中国在工业革命前的地位，随后的落后则与白银供应缩水有关。后者则试图论证中国的落后仅仅是18世纪之后的事，而此前是一个多元的世界，甚至长江三角洲在18世纪70年代高于欧洲平均发展水平，而英国工业革命运气成分不少，比如英国在18世纪拥有便于开采的煤矿。至于自由派学者，近年则更为关注达龙·阿西莫格鲁的著作《国家为何失败》，试图从其分析的国家繁荣衰败的包容性政治制度与榨取性政治制度的简明框架之间，来定位国家当下问题以及未来方向。

莫里斯的著作对中国人最大的价值之一正在于对文化决定论的解读。非此即彼的思维模式，往往无视世界的变化，比如文化因素过去被认为是劣势而后又被认为是优势。看似深刻的自省，如果缺乏平行的比较，其实并没有带来知识的边际改进。

阅读是定义自身的开始，而历史是为了当下以及未来。展望未来，莫里斯是为了全人类而写作，他不无悲观，除了西方的没落，更在于技术进步带来的负面效应，"也许东方会被西方化，或者西方将被东方化；也许我们会共同生活在地球村里，或者我们会陷入文明的冲突里；也许每一个人都会变得更加富有；也许我们会在第三次世界大战中灰飞烟灭"。正如一些科学家认为整个银河系中有 100 万个潜在的外来文明，外星文明之所以未能联系人类，正是因为高智能生物的自我灭绝性，"所有的这些证据表明，在 2045 年，我们将走向毁灭。这正是广岛和长崎被投下原子弹的 100 年后"。

未来是怎样的呢？如何才能避免类似科幻小说《三体》中文明崩溃的可怕场景，或许答案不仅在于莫里斯描绘的社会发展指数的宏大历史画卷之中，也在于他未能给予足够重视的历史人物以及文化因素之中——我们每个人，不仅是自己历史的书写者，也是人类共同命运的缔造者。

阅读是定义自身的开始，而历史是为了当下以及未来。

·推荐阅读·

《西方将主宰多久：从历史的发展模式看世界的未来》

作者：［美］伊恩·莫里斯

译者：钱峰

出版社：中信出版社

·延伸阅读·

《文明的度量：社会发展如何决定国家命运》

作者：［美］伊恩·莫里斯

译者：李阳

出版社：中信出版社

第**6**章
文明与野蛮

上一章所讲的文明博弈的内容比较多，文明和野蛮的博弈则相对简单一些。

但凡谈论文明与野蛮，绝大部分情况下我们是以文明人自居的，用美国人类学家罗伯特·路威的话说，就是"我们大家都有恭维自己的妄想，以为我们的办法虽不是唯一的可能的办法，也该是挺合适的办法"。可惜，摆在我面前这本书——1926年出版的人类学著作《文明与野蛮》——则彻底颠覆了我们以往太多的自负。

文明是什么？按照罗伯特·路威的见解，文明是不断互相学习的过程，是一件百衲衣。埃及、巴比伦、希腊、罗马、印度、阿拉伯，什么地方的布条子都有。在我看来，文明的表现不过是生活的方方面面而已，具体点来说，无非就是"饮食男女"而已。

"野蛮人"有些奇怪的礼节，比如祖鲁人不让女子取牛奶；

因纽特人不允许鹿肉与海豹肉同吃；马塞伊人不允许一天之内吃了肉又喝牛奶；玻利维亚的印第安人在一个瓢里放一堆捣烂的果子，谁要吃就捞起来，吃完再扔回去；菏匹人则是大家围着一个盛汤的大盆子，各自用薄饼蘸着吃。

这些风俗在欧洲人眼中多多少少是鄙陋的，那么文明的欧洲是怎么做的呢？中世纪初期，在西班牙、德国，大家合用一个大盆，用五指来取食，勺子是贵人才有的，每个人面前都有一个盘子是 16 世纪才有的事情；在 1600 年之前，法国最有钱的人也只能用手抓菜，中产阶级学会用叉已是 18 世纪的事了，连米歇尔·德·蒙田这样地道的绅士也因为饭吃得太急而咬了自己的手指；餐具往往是混用的，1695 年以前，贵妇人即使把她的匙儿马上递给客人也不觉得有问题。这么来看，200 年前的西欧人在吃饭的方式上也是同野人一样。

在婚姻与性方面，野蛮人一般被认为未经教化，不知礼仪。野蛮人多偶婚姻比较常见，而且倘若丈夫不肯给第一个妻子买一个助手，"她会嘲讽他贪财忘义"。他们虽然性生活放荡，却不杂交，这也是和初民社会的松散社会结构相对应的。因此，文明民族与野蛮民族的性生活差异不过是"对同一行为评价的高低"而已。相反，路威刻薄地指出，如果考虑欧洲乡间的风俗和城市中的卖淫，"印第安人或许还要显得规矩些"。

路威演示的文明史，不过是事物进入文明、成为常识的过程，而文明与野蛮的区别也不过如此。

路威是比较相对主义的，文明和野蛮也并非没有区别，抛开人类学，其实我们所认为的真正文明的结晶，很多时候离不开野蛮的庇佑。比如说罗马帝国陨灭之后，蛮族占据了欧洲，很多人觉得文明陨落了，但是今天来看，恰恰是蛮族的统治有意无意间保留了古希腊、罗马文化和基督教教义。其实很多民主传统，恰恰来自蛮族的议事规则和封建传统。甚至，恰恰不少大家以为的文明产物，很可能不过是野蛮的专制。

·金句抄录·

文明是不断互相学习的过程，是一件百衲衣。

·推荐阅读·

《文明与野蛮》

作者：［美］罗伯特·路威

译者：吕叔湘

出版社：生活·读书·新知三联书店

第 **7** 章

伟大源自博弈：美国宪法签字那一刻

我们过去总觉得政治很肮脏，很大原因是政治涉及各方利益，但是其实利益冲突是无法避免的，在面临巨大利益分歧无法处理的情况下，并非没有规则的道路，美国开国元勋就做出了示范。

1787 年夏天，美国宪法在 127 天内就被制定了出来。这并不是件容易的事，"我们正在做实验"，参与费城会议人员中最为德高望重的本杰明·富兰克林曾如此总结。而且与会代表平均不到 43 岁的年龄，81 岁高龄的他自然显得更深思熟虑。

在当时，费城会议涉及美国制度的重要转变，虽然独立战争已经过去了 10 年，但这个国家的治理并没有真正从整体层面得到彻底实施，正如美国国父约翰·亚当斯所言，"打倒全欧所有的船炮部队容易，把我们自己管好却难上加难"。美国著名传记女作家凯瑟琳·德林克·鲍恩在《民主的奇迹》中，采用不少原始资料，讲述了这段美国宪法出炉的往事。

今天的美国很强大，初创时也很不容易，守住江山恐怕比打下江山难很多，一方面战后的美国经济正在复苏，另一方面当时的十三个州各行其是，国会权力微弱。联邦征税负责人汉密尔顿收不到款，甚至被逼得在报纸登出催款告示。军队对故土的认同程度也与今日大为不同，新泽西州的部队就曾以"新泽西才是我们的国家"为由拒绝对合众国宣誓效忠，而这并不是特例，譬如马萨诸塞湾区也被约翰·亚当斯称为"我们的国家"。

独立战争的荣光之下是各州继续各自为政的格局，对某些人来说这是"政府越小越好"的体现，对另一些人来说则是一个薄弱不堪的组合，后者中包括乔治·华盛顿和亚历山大·汉密尔顿。对于作为独立战争总司令的华盛顿而言，他此前就意识到，"除非像州政府的政令可以有效通行全州一般，我们设立一个能将号令实行至全联邦的权力中心，否则我还真不敢想象我们还能作为一个国家长久存在下去"。汉密尔顿则认为没有实权的国会，政府则无法应对战时以及平日的管理。

因此美国亟须变化，是改进既有的《联邦条例》还是再造一部新法律？不同的人有不同的盘算，这也导致这场会议注定火爆非常：从一开始，这次大会由头并不是制定一部宪法，而只是修订《联邦条例》，成员是12个州（罗得岛州从一开始就拒绝派代表出席）的55位代表（预定出席74人，甚至第一天只来了两个州的代表）。

这些代表几乎都参加过独立战争，这次费城会议无形中也成为另外一个战场。美国的国父们并不都是特别高尚无私的，不同利益诉求、不同政治理念、不同意识形态错综复杂如同一锅乱炖，会上讨论的问题从总统任期到奴隶处置，从参议院选举到法官任命，等等。代表们争论起来从引经据典到威胁抗议什么手段都用上了，甚至被推选为会议主席的华盛顿都抱怨："我真懊悔跟这档子事沾上关系。"

但是，最终经历了127天的争论，数百次投票，美国宪法最终出炉，日后也得到不少赞誉。或许正是不同私心与公共利益的碰撞最终促成了美国宪法的诞生。"不啻奇迹"，这是美国国父华盛顿将军的原话，他对于来自各州抱有偏见的代表"摒除有理有据的歧见"，同意联合建立国家级政府大感欣慰。

历史并不只是故纸堆，而往往如古埃及神话中的斯芬克斯一样拥有神秘的双面，正如对这部美国宪法的评价也并不是一边倒的。甚至，如果没有这部美国宪法，美国今天的形貌估计会大为不同，但是谁又知道与现实比一定更坏呢？至于当年反对这部宪法的州或代表，他们也并非反角，只是角度和视野不同而已。

随着对詹姆斯·布坎南等人的引介，宪政经济学在中国引发很多讨论，立宪过程中规则选择等议题也引起论者重视，如何在不同规则之间选择，如何在规定给定之下约束权力，如何最小化民主的缺陷，这些问题仍旧困扰着我们。也正因此，我之所以推荐这段历史，不仅在于其胜利成果令人欣慰，也在于其博弈过程令人信服，更希望大家了解这场"实验""奇迹"所滋生的土壤：也就是人性、人情，以及环境。

汪丁丁将社会构成分为五个层次，首先是道德共识层次，其次是立宪层次，随后依次才是政府原理层次、经济规则与交换层次和微观行为层次。为什么最高层次是道德共识，甚至比起立宪更为重要？原因就在于道德共识植根于一个群体内长期合作的行为特征，这些特征进化演化为民族性、文明特性、合作规范等，而宪法（法律）不过是这些特征的"事后承认"而已。

换言之，是什么力量使得美国宪法这一看似意料之外又在情理之中的"种子"可以破土而生？毕竟历史不会诞生于虚空。在这方面，《民主的奇迹》可提供了不少帮助，书中很多对于彼时风土人情的写照我个人觉得更有价值，这些素材取材于当时的报纸、日记、通信等，也是《美国制宪会议记录辩论》等文本所缺乏的一环。

当时的美国，对欧洲人造成不小的"文化冲击"。欧洲人对于美国的想象尤其是对民主的想象，无论美化还是丑化，和实际情况往往有所出入："哲学是一回事，每天的现实生活又是另一回事。欧洲来的旅人，一旦下船登上美国海岸，就发现实际上美国远远不及他们所期待的——有的方面，却又恐怖地远远超过他们所期待的。他们发现，这块土地原来有一种粗粝，是那些诗人哲士不曾提及的事实。"

比如，人人最爱谈及又容易误解的"平等"在新世界也是不同的景象：在这里，人类的平等不是哲学家或诗人的高论，也不是开明人士客厅中的空谈。人人实行它，把它纳入日常现实中。不过，对这种人人平等的现象，你一定得习惯才行——而习惯这种事并不是那么容易。于是，法国人发现自己得亲自和店主打交道，"用命令的口气一点用也没有，不止一位店主表示可以请他做事，但决不能使唤他"。

伟大往往滋生于细碎之中。如果认为宪政就是一部宪法，那么未免太高看宪法了，法治的精神并不止步于条文。自由、民主或平等之类大词，并不只是主义之争，而是日常生活。欧洲观光客也不全是友邦惊诧，也不乏富有洞察力的观察，正如阿历克西·德·托克维尔所言，"任何国家的宪法，不管它的性质如何，都要求立法者必须依靠公民的良知和德行……没有一个国家的法律能够预先定出一切，没有一个国家的制度能够代替理性和民情"。

·金句抄录·

美国的国父们并不都是特别高尚无私的，不同利益诉求、不同政治理念、不同意识形态错综复杂如同一锅乱炖，会上讨论的问题从总统任期到奴隶处置，从参议院选举到法官任命，等等。

·推荐阅读·

《民主的奇迹：美国宪法制定的 127 天》

作者：[美] 凯瑟琳·德林克·鲍恩

译者：郑明萱

出版社：新星出版社

第 **8** 章

作为平衡艺术的政治

本章我想用一个具体案例，让大家理解真实世界的博弈，那就是美国《独立宣言》执笔者托马斯·杰斐逊的故事，他并不是只有光明的一面，也有其复杂性。

"我们认为下述真理是不言而喻的：人人生而平等，造物主赋予他们若干不可让与的权利，其中包括生存权、自由权和追求幸福的权利。"这几句话耳熟能详，每年 7 月 4 日是美国独立日，总是让人追思《独立宣言》，作为《独立宣言》的执笔人，托马斯·杰斐逊同样令人怀念。美国普利策奖得主、兰登书屋执行主编兼执行副总裁乔恩·米查姆在其新著《权力的艺术：托马斯·杰斐逊传》中认为，杰斐逊是"最令人着迷的开国总统"。

杰斐逊要求在自己墓碑上刻下三项个人成就：《独立宣言》起草人、《弗吉尼亚宗教自由法规》执笔者、弗吉尼亚大学创始人。事实上，这当然只是杰斐逊成就的一部分。人们今天还在怀念他，不仅在于他曾担任美国第三任总统，而且在于他任期的 8 年中从没有行使过否决权，更在于他对于权力的运用，甚至可以将他看作"美国共和体制前 50 年里最成功的政坛人物"，因为即使担任总统的不是他本人，也基本是"杰斐逊的拥护者"：詹姆斯·麦迪逊、詹姆斯·门罗、安德鲁·杰克逊，以及马丁·范布伦——《权力的艺术》的作者乔恩认为这是一个被低估的"杰斐逊家族"。

事实上，政治家权力的艺术在不同程度上带有族长式的特点，密切关注并积极回应每个人的需求，集合一切力量达成其目标。美国后来的总统，从罗斯福到里根，都从杰斐逊那里获得了不少的历史共鸣并汲取了智慧。

人性的迷人之处在于其多面性，杰斐逊的迷人之处，也在于他的复杂性，他的角色在律师、立国者、外交家、科学家、哲学家、小提琴手、父亲甚至情人之间游离。他沉醉于民主制度，甚至谦卑到没有在自己的墓碑上写下美国总统的头衔，与向往君主制的开国国父汉密尔顿等人政见不合，两人分歧甚至在过去的叙述中被引申为美国立国的路线之争；他崇尚简朴到甚至不修边幅的地步，一改美国政坛的社交礼仪，同时又气质出众，对于书籍、美酒、园艺等具有良好的品位；他文采出众，写下了《独立宣言》，他在信件中的话语和现场的演讲屡屡被后人引用，虽然他本人的演讲才能并不出众，但这并不妨碍他在政坛发展。

当然，你可能知道，杰斐逊自身最大的矛盾之处在于奴隶制，他鼓吹自由平等，却始终过着典型南方庄园主的生活，不仅终生蓄养数百名奴隶，而且与黑奴同居多年，甚至与黑奴育有数名子女。

奴隶制是美国乃至当时多数资本主义国家难以回避的问题，当英国和美国发生战争之际，英军的动员方式之一就是鼓动黑奴以获得自由的方式反抗庄园主。因此，在杰斐逊的时代，黑奴问题不仅是一个道德选择，更是一个经济模式，不仅是制度考验，还是一个生存问题。如果无法控制黑奴，白人的生存就可能受到威胁。无论是早年的律师生涯还是作为下议员时期，杰斐逊都曾经尝试推动奴隶解放，甚至代理过一场著名官司，即混血（父母一方为白人，另一方为黑人）是否还是奴隶，杰斐逊试图用"人生来自由"辩护，最终却输掉官司。

一系列的挫败，使得杰斐逊不得不调整自己，现实的挫败使得他对于奴隶制态度更为保守，他深爱和谐，拒绝分裂，他认为这一制度并不正确，但是认为需要几代人的时间才能调整完成，他甚至认为解放黑奴的正确方式是送他们回到非洲。在杰斐逊那代人的视野中，美国是属于白人的，不仅不属于印第安人，更不属于黑人。更令人咂舌的是，传言杰斐逊的混血子女在杰斐逊的庄园仅仅被当作黑奴看待，直到他逝世之后，这些子女才因为他遗嘱的特别交代获得自由。纵观其一生，他一出生就被交到黑奴手上，死亡也在黑奴的守候之下。

杰斐逊去世前，和当时南部多数种植园主一样，都没有解决自己的债务问题（这也被认为是他无法释放奴隶的解释之一），只释放了与自己有染的一家黑奴。放在当时的种植园环境之下，这是惯常现象。

政治是杰斐逊不断使一切成为可能的事业，从具体运用来看，杰斐逊谨慎稳妥地在英国与法国的关系中谋求美国的利益值得大书特书，但他对于奴隶制的态度更是微妙又传神，表达了在时代局限之下的政治选择——这在过去其个人传记中往往被一笔带过，甚至被传记作者否认，然而最新的 DNA 技术使得历史学家承认杰斐逊家族和其黑奴后代存在直接关系。正是他这种回避道德判断的现实主义，不仅使得当时的美国免于分裂，也使得即使是林肯这样的废奴主义者也可以从他的思想遗产中获得积极的源泉。

虽然亚里士多德说人天生是政治动物，但是并非如此，政治家往往是后天培养的。在美剧《权力的游戏》中有一幕，当弥林女王也就是龙母消失之后，她的部下聚集在一起开会，有人准备去找她，同时也需要决定谁留下，于是"小恶魔"提里昂·兰尼斯特被留下，原因是虽然他不是骑士，不善打斗，甚至只是一个侏儒，但是只有他对治理一个城邦有经验。

政治无关出身与个人素质，是一种技艺，是对于权力的获取、驯服，以及运用。乔恩并没有回避杰斐逊的这些矛盾与人性荫翳，但他提取了杰斐逊在今天还能引起共鸣的地方，那就是在乱世中善于运用领导权来推动国家变革，其行为被称为哲学家的思考、政治家的操控，其天才之处正在于"他既是哲学家又是政治家，而且常常能同时扮演好两种角色。这就是权力的艺术"。

杰斐逊就是这样一位政治家，政治的艺术在于通过权力达到自己的目的，当这一目的是社会进步之际，就成为伟大的政治家。一位美国人拉尔夫·伊泽德曾经这样写信给杰斐逊，"我们的国家一味追求民主。一个手艺人都知道，想要学到手艺，就得从学徒做起，可是我们那些偏远乡下的同胞却认为，政治家和诗人一样都是天生的"。

事实上，政治操作和写诗一样，需要灵感和技巧，杰斐逊的政治能力也是在一次次的挫败和成功之中成就的，最终达到理想与现实的平衡，"即使可以随心所欲地做正确的事，我也能觉察到，基于理性思考和经验证明的改革，多多少少总有无法诉诸施行的"。

即使人性是自私的，但合作还是可能的，即使最难最暗黑的政治博弈也并非不可兼容。博弈无处不在，可以是小团体之间，也可以是国家或者文明之间，关于利益，关于人性，也关于原则，正是有了博弈，人类才得以进化。

政治无关出身与个人素质，是一种技艺，是对于权力的获取、驯服，以及运用。

·推荐阅读·

《权力的艺术：托马斯·杰斐逊传》

作者：[美]乔恩·米查姆

译者：费冬妮、徐宁、唐辉

出版社：中信出版社

第五模块

洞察

如何提升认知修为

第 **1** 章

人是理性动物：动物的，太动物的

我们已经学过不少关于人类理性的判断，你觉得人是理性的吗？或者理性人概念是否成立？

关于这一概念的讨论，可谓浩若烟海，其本身也是构成经济学的重要基石，虽然几经修正，迄今屹立不倒。理性人或经济人概念，最早要追溯到经济学鼻祖亚当·斯密，本书也几次提及，你应该熟知《国富论》中的一段描述："每天我们需要的食物和饮品，都源自屠夫、酿酒师、面点师的利己心，而非他们的恩典。我们只说能刺激他们利己的话语，不能说刺激他们利他心的话语。我们只能提给他们带来的好处，不提自己的需求。"也正因此，在经济学经典描述中，基于理性人的自利之心，"看不见的手"悄然发挥作用，无数交换得以运行，犹如上帝运作一切。

现实往往比理论更吊诡或者更离奇，事实是，无论如何定义理性，人并不是总是理性的。例如如何解释富人的慈善捐款？

《哈利·波特》的作者 J. K. 罗琳，这位曾经的失业单亲妈妈在成功之后曾经捐出 1500 万美元。如何解释人总是作出一些明显不理性的决策？比如金融市场上的追涨杀跌，尤其是在泡沫最大时冲入市场的投资者或相信麦道夫之类骗局的投资者？如何解释为什么钻石的稀缺明明是人为因素导致的，但女人甚至男人还是会趋之若鹜？如何解释人类社会中合作和竞争的广泛并存，甚至不少利他行为的存在？对于这些现象，经济学通过信息短缺、有限理性等理论进行修正，大概能够自圆其说，但是随着行为经济学、行为金融学的兴起，很多解释也遭遇了挑战，最为典型的就是丹尼尔·卡尼曼的《思考：快与慢》和罗伯特·希勒的《动物精神》，二者极大刷新了人们对理性人（理性投资者）的认知。

尽管如此，这些研究大多还是在"理性人"中的"理性"这个修辞性概念上推进，《理性动物》的两位作者道格拉斯·肯里克和弗拉达斯·格里斯克维西斯则另辟蹊径，直接从进化角度理解人的行为，将人类定义为"理性动物"。

从理性人到理性动物，区别何在？简而言之，两位作者整合了经济学、行为经济学、生物学、进化心理学、社会心理学等多方面知识，剖析了人类诸多行为背后的深层次动机。或者说，诸多人们看起来不理性的行为，从进化角度都可以得到解释，甚至可以看作一种深层理性（Deep Rationality）。

《理性动物》一书的核心论点有二：一是人类决策为进化目标服务，因此很多决策是在潜意识之中基于进化痕迹而作出的；

二是人类决策行为的设计功能是为了实现多个不同的进化目标，而不同情况之下会唤起意识中的次级自我（Subselves）。一般存在7个次级自我，即自我保护型次级自我、避免疾病型次级自我、社交型次级自我、社会地位型次级自我、择偶型次级自我、留住配偶型次级自我、育儿型次级自我。

二者叠加的结果，可以解释很多现象。人类进化历史漫长，一般而言，越是晚出现的技能或环境，人类就越容易出错，比如数学。以下的案例说明人类认知如何受到进化因素的影响，也可以展示行为经济学和进化心理学的不同视角。

在行为经济学中，丹尼尔·卡尼曼曾有一个著名的案例。假设美国正在为某种疾病的暴发做准备，这种疾病预计会夺走600人的生命，对于AB方案有两种表述。

表述一：

方案A：如果采用方案A，则有200人会获救；

方案B：如果采用方案B，则有1／3的概率救治600人，有2／3的概率无人获救。

表述二：

方案A：如果采用方案A，则有400人会死亡；

方案B：如果采用方案B，则有1／3的概率无人死亡，但有2／3的概率将导致600人全部死亡。

如果熟悉这个案例，应该知道两个表述的实际情况基本一致，第一种表述下大多数人（72%）都选择了确定性更强的方案

A，而第二种表述更强调损失，于是 78% 的人选择了方案 B。

这个实验被认为揭示了决策中的一个重大偏差，也被认为挑战了理性人模型，卡尼曼等人获得诺贝尔奖也与此有关。不过，《理性动物》的作者举出了另外一个案例，如果人数不是 600 而是 60，多数人的决策不会受到太多影响——原因就在于，原始人的社交范围往往是在 100 人以内，这就是人类的进化决定了认知规律。

再看《动物精神》，书中的这一概念源自经济学家凯恩斯，曾经被希勒借用来批判亚当·斯密只知人会理性地追求自身利益，但忽略了人身上的动物精神，没有考虑到人的非理性程度或者被误导的程度。希勒认为，动物精神在现代经济学中用来指经济的动荡不安和反复无常，"有时候，我们被它麻痹，有时候它又赋予我们能量，使我们振作、克服恐惧感和优柔寡断"。从进化的角度来看，动物精神可以说过于乐观或者过于悲观，但是我们能够绵延至今，这就表示我们祖先是竞争的胜利者，而人类看似冒险的行为背后其实有合理的解释。

人类的冒险行为尤其是男性冒险行为往往得到鼓励，男性很多不太明智的选择与繁殖成功率有深层关联，而女性也迷恋冒险的男性。从实验结果来看，男性在玩滑板时，如果一旁有美女观战，男性的睾丸激素水平就会自动升高，而负责奖励和惩罚评估的大脑前额叶皮层甚至关闭，这时这些滑板玩家会追求更冒险的动作，同时也会使高难度动作的成功率提高。

就像美国的肯尼迪家族，曾经被认为遭遇诅咒，各代继承人都在挑战中遭遇各种劫难，从遇刺到意外再到丑闻，但是从概率上看他们仍旧活得成功，尤其是生物学上的繁殖成功，肯尼迪大家族仍旧人丁兴旺，孙辈就多达 29 人，重孙辈有 60 多人。

类似的案例在书中很多，比如马丁·路德·金的公共生活和私人生活的截然相反正是因为不同层次的自我在起作用，而钻石的流行就是迎合了人类求偶以及炫耀自我的一种策略，钻石其实并不稀缺，那句广告语 "A Diamond is Forever"（钻石恒久远，一颗永流传）曾被《广告时代》杂志评为 "20 世纪最佳广告语"，其创作者是一位广告公司的女职员，终身未婚。

"人是理性动物" 这一断言来自亚里士多德，而 "人是动物" 这一断言多少令人不快，但这股生物学的入侵潮流已经开始。20 世纪 70 年代美国生物学泰斗爱德华·威尔逊创造了 "社会生物学"（Sociobiology）一词，通过《论人的本性》等著作宣称应将人性研究纳入自然科学。而英国演化理论学者理查德·道金斯发表著作《自私的基因》与之呼应，宣称 "我们都是生存机器"。至于其他以研究人类为主要目标的著作也纷纷涌现，从德斯蒙德·莫利斯的《裸猿》到贾雷德·戴蒙德的《第三种猩猩》，单从名字就可以看出研究者的态度：要么把人类看作 193 种猴类和猿类分支的一种，要么就是把人类直接认定为黑猩猩的近亲，毕竟二者基因的差异不到 2%，这倒也暗合孟子所谓 "人之所以异于禽兽者几希" 的判断。

时代更迭，经济人所代表的内涵也几经变化，但我仍旧偏好经济人这一概念，无论在 FT 中文网专栏还是微信公众号，我都给自己命名为"徐瑾经济人"（Econhomo）。我认为经济人仍构成经济学的思维起点，经济人与理性动物的概念并非截然对立，而是左手右手的关系。我们的认知需要更新，视角不必拘泥于理性与非理性的思维泥淖。

以进化的眼光去看问题，可以多一种视角，从而更好地解释（猜测）人类的思维暗箱——我们的诸多行为，无论冒失还是谨慎，狡黠还是愚蠢，只是或明或暗地满足不同的生存需求，这一切都可对应尼采"人性的，太人性的"名言，套用在这一章的内容上，可谓"动物的，太动物的"。

之前提到的理性更多是在学术原理层面，这一模块的理性则更多达到了运用层面，这是道和术的区别。没有术的道也许只是空泛的，但没有道的术是廉价的，看起来方便，但需要警惕。

我们的认知需要更新，视角不必拘泥于理性与非理性的思维泥淖。

·推荐阅读·

《理性动物》

作者：［美］道格拉斯·肯里克

［美］弗拉达斯·格里斯克维西斯

译者：魏群

出版社：中信出版社

《动物精神：人类心理活动如何驱动经济、影响全球资本市场》

作者：［美］乔治·阿克洛夫，［美］罗伯特·希勒

译者：黄志强

出版社：中信出版社

第 **2** 章

洞察力修炼：如何成为福尔摩斯

什么是洞察？我们先举一个例子，侦探福尔摩斯第一次见到华生时，他看起来漫不经心却又迅速地指出一个事实——华生来自阿富汗，这个桥段几乎定调了福尔摩斯系列的精神。当华生初见福尔摩斯时，其实就是一个普通人遇到一个洞察一切的人——或者说，另一个物种。福尔摩斯们的洞察力，从何而来？

如果要了解这些问题，美国心理学家加里·克莱因的著作也许可以给我们答案。这本书有不少这类案例，从普通人到天才人物，从揭穿金融危机骗局的局外人到无意间发现重大研究成果的科学家，"故事的主角都是聪明人，他们能够注意到一般人所忽视的东西。这些获得了洞察力的人的故事，仿佛是一剂新鲜的解药。当我整理类似有人作出敏锐判断的故事的时候，心情总是特别愉快"。

国内对克莱因的故事引入介绍不多，但他其实很值得大家关注，无论是畅销书作家马尔科姆·格拉德威尔还是诺贝尔经济学奖得主丹尼尔·卡尼曼，都曾引用过克莱因的研究成果。他1944 年出生于纽约，拥有认知心理学博士学位，在美国不仅是备受重视的心理学家，更在决策研究领域享有盛名，在数十年的职业生涯中有很多开创性研究，主张"自然决策"（Naturalistic Decision-making），发明"事先验尸"（Pre-mortem）等决策工具与方法，据说还曾领导重新设计白宫战情室。他此前出版的《权力的源泉》《直觉的力量》《街灯与影》等著作反响都很不错。

回到现实，福尔摩斯的惊人洞察力显然少不了阿瑟·柯南·道尔的文学夸张。其实，洞察力在我们生活中无处不在，只是洞察程度有别，新闻中就出现过不少类似案例。例如，看似平静如常的一天，两名警察驾车例行巡查。途中在等红灯时，他们前方停着一辆全新的宝马车，司机的一个动作突然引起其中一个警察的注意：司机深吸了一口香烟，然后将烟灰直接弹在了车内。警察觉得这一举动不可思议，什么人会这样对一辆新车？肯定不是车主，也不是车主的朋友，最大的可能是偷车贼。最后宝马车上的驾驶员如他们所判断的一样是一名偷车贼，并受到了应有的惩罚。

在一个拥有太多选择的时代，洞察力尤其重要，有人甚至将现代社会如何获得更好的表现总结为一个公式，即"表现提高 = 减少错误 + 增加洞察力"。洞察力对于工作和生活，个人及组织，都具有非常意义，一方面可过滤很多无用信息，另一方面促使人们关注要务。但是人类对于洞察力的了解可谓"毫无洞察力"：洞察力如何产生？什么因素在阻碍洞察力的发挥？有什么办法能够增加洞察力？这三个问题目前并没有得到全面的解答。

克莱因将上述三个问题视为"三团迷雾"，他从 2009 年着手研究，最终成果就是《洞察力的秘密》，该书英文版出版于 2013 年。全书顾名思义关注的是洞察力，从洞察力产生方式、阻碍因素到提升方式都有论述。

有趣的是，即使是克莱因自己的研究，也曾一度走进死胡同：一方面，案例之间有时候看起来毫无联系，有时候又彼此矛盾；另一方面，该领域相关文献也难以全面揭示。于是他的"洞察力研究"也亟待提升洞察力，他曾用三个途径试图接近真相，也就是从数据出发、从科研文献出发、从故事出发。

首先，从数据出发，这对于任何研究来说都是基础，数据显示洞察力可能并不如人们设想的那样，如茅塞顿开那般简单轻巧。根据克莱因观察与分类，洞察力之源有五个可选的解释：触类旁通，巧合事件，好奇心驱使，自相矛盾，还有急中生智。在他收集的 120 个案例之中，触类旁通的题材最为常见，急中生智则与科研人员对于洞察力的研究吻合，"82% 的案例中，用到了触类旁通的办法；38% 的案例中，用到了自相矛盾的办法；10% 的案例中，巧合事件的办法起到了一定的作用；7.5% 的案例中，用到了好奇心驱使的方法；25% 的案例中，用到了打破僵局、急中生智的办法"。值得提醒的是，洞察力的产生往往不是单一模式的作用结果，在不少案例中都是多种模式彼此协作。

其次，从科研文献出发，克莱因阅读了很多科学文献，这些文献提供了很多帮助，但同时也带来了新的困惑。任何研究都在累积中进步，研究洞察力的也有前人，其中以英国人格雷厄姆·华莱士最为出名。华莱士曾经与经济学家哈耶克是同事，在《哈耶克传》之类的读物中被作者一笔带过，属于哈耶克那几个难得露面的同事之一，戏份少到类似路人乙的角色。和克莱因一样，他也属于在中国知名度不高但其思想非常重要的学者，甚至被克莱因评价为"现代英国思想自由的知识分子的典型代表人物"。他不仅是伦敦政治经济学院的共同创始人，也是费边社成员。更为重要的是，虽然当时有不少人对创造性思维都感兴趣（如威廉·詹姆斯和亨利·柏格森），但华莱士对此研究看起来更早更全面，他在1926年就出版了第一本现代意义上关于创造性思维的专著《思维术》。

华莱士对于创造性思维给出了清晰的结论，他提出了创造性思维的四个阶段：准备阶段、酝酿阶段、顿悟阶段及验证阶段。这一"四阶段论"迄今仍旧被引用传播。克莱因也不得不承认华莱士的影响，"时至今日，这一模型仍然是该领域应用最广泛的模型。可以说，如果你在洞察力领域做研究，那么你是绕不开华莱士的"。但是如果华莱士已经对洞察力做了如此系统深入的研究，那么后人如克莱因还能贡献什么？克莱因能有所突破的原因在于，克莱因认为华莱士的理论确实有一定可信度与说服力，却经不起细致的推敲。比如华莱士认为，洞察力的产生必须经过准备阶段，但洞察力的案例显示并非如此；再比如开篇所举之例，就是年轻警察偶然被堵在路上，并未在准备好的状态下，而且也谈不上有丰富经验。

最后，从故事出发，无论是数据还是文献的结论，很多对洞察力的预先假设都经不起推敲和检验，"与其说数据帮我们找到了好的洞察力，倒不如说很多幻想因此破灭"。克莱因在瓶颈期中灵光一闪，抛弃了原有剧本，重新走上了从故事出发的道路，反复研读案例，希望借此屏蔽偏见。最后他在不同案例的自相矛盾的路径中殊途同归，即人根据新的信息量，会在意识中增添一个新的锚点或者抛弃原有的脆弱锚点，换言之，获得洞察力之后，人的"锚点"也会改变——这对于克莱因来说，也是一样。这本《洞察力的秘密》的成型，本身就是一个寻找洞察力的故事。当他抛弃数据及文献的原有剧本之后，也获得了对洞察力理解的新锚点。

当我们了解了是什么因素在阻碍洞察力的获得之后，我们也开始获得提高洞察力的可能，而在不同的道路上也应该采取不同的策略，"自相矛盾的道路需要我们对意外事件保持开放的心态，就算这个意外事件与我们之前的知识和想法完全相悖，还是应当认真地思考它。在相互联系的道路上，我们需要对陌生的可能性进行大胆猜想。急中生智的道路则要求我们批判性地分析假设前提，找出任何局限我们思维的陷阱"。

换言之，洞察力的获得往往要根据路径决定，什么时候应该迂回，什么时候应该放弃，都有技巧。对于机构和个人而言，阻碍洞察力的因素不同，革新难度也大为不同。对于个人而言，同理心与倾听都很重要，但是在组织中，扼杀洞察力往往是为了减少错误，这是一个系统因素。

总结一下，洞察力绝不仅仅是运气，而是一项可以追求的修炼，也是一种激发人类好奇心与创造动力的"魔力"。克莱因的研究揭示了我们都有发展洞察力的潜能与提升空间，因为"这种魔力就隐藏在我们的大脑里，并持续地迸发"。我不知道克莱因为什么没有提到福尔摩斯，也许因为他不是真实人物，但是福尔摩斯的观念其实对于洞察力的研究也有借鉴意义，他的这段话倒是可以深刻揭示洞察力的本质："由一滴水，一个逻辑家可以推论出一片大西洋或一条尼加拉河，即使他从没看过或听过这两个地方。因此，所有生命是一个大链条，只要看到其中一个环节，就能知道整个生命的特性。"

洞察力并非魔法，其背后其实是逻辑，是长期的修炼，我们经常交流身边的新鲜事，这种日复一日的总结也是一种修炼。

·金句抄录·

洞察力绝不仅仅是运气，而是一项可以追求的修炼，也是一种激发人类好奇心与创造动力的"魔力"。

·推荐阅读·

《洞察力的秘密》

作者：[美]加里·克莱因

译者：邓力、鞠玮婕

出版社：中信出版社

·延伸阅读·

《盲点：好人的潜意识偏见》

作者：[美]马扎林·贝纳基、[美]安东尼·格林沃尔德

译者：葛樱楠

出版社：中信出版社

第**3**章

复杂的未来：从失控到自控

很多时候，洞察是为了获得对趋势的把握，但是对趋势的理解，也许最新的观点并不是最准确的，越时髦的观点，往往越容易被淘汰。本章推荐的《失控：全人类的最终命运和结局》以及延伸阅读的《复杂》，并不算这个领域最新的书，但是直到现在仍然没有过时。

如果不太熟悉互联网，你可能会问"KK"是谁？凯文·凯利——粉丝亲昵呼之为"KK"，出生于20世纪50年代，大学辍学，一手创办过著名互联网杂志《连线》以及号称是苹果公司的史蒂夫·乔布斯最喜欢的杂志《全球概览》，曾经于20世纪80年代发起了首届黑客大会，文章散见于《纽约时报》《经济学人》《时代》《科学》等知名媒体。不过，我们今天仍在热络谈论"KK"其人其事，更多缘于他在20世纪90年代出版的一本书——《失控》，这本书被称为"过去10年公认最具智慧和价值的一本书"。

《失控》的第一版于 1994 年发行，再版多次，一直被认为魅力不减。今天，诸多拥护者认为其主旨不仅在于解释了互联网经济，还揭示了生命未来和社会新秩序。彼时，互联网方兴未艾，凯文·凯利却早早预见了当今互联网的诸多前沿趋势，他宣称群体智慧、云计算、物联网、虚拟现实、网络社区、网络经济、协作双赢、电子货币、Web2.0 都可以在《失控》之中找到踪迹，未来也许意味着快速、廉价、失控。"失控"更多意味着旧有权威的瓦解与去中心化，这并非一场人们预计的无序噩梦，甚至意味着"自控"的兴起，因为正如凯文所言：在需要终极适应性的地方，你所需要的是失控的群体。

直到今天，凯文仍旧认为《失控》的内容涵盖了互联网的当今形势，唯一始料未及的在于互联网发展的迅猛速度，这或许是因为他始终是坚定不移的技术进步乐观主义者。伴随着技术的快速更新以及机器的大量涌现，人类的恐惧与焦虑与日俱增，知识分子对于技术的分歧也与日俱增，大众的集体情绪也始终摇摆不定：从对《黑客帝国》《我，机器人》的热烈追捧，到现实生活中对谷歌侵犯用户个人隐私的恐惧，脸书近日也被列为婚姻的有力破坏者之一，公众甚至开始担忧未来互联网有可能出现《1984》中"老大哥"式的人物。

对此，凯文更强调技术的进步在于使得每个人的天赋得到发挥，他坚信透明的社会更有效率，彼此对等的、互相透明的结构可能更有弹力、更强壮、更稳健。

他倾向于认为未来的形态源于生物逻辑的胜利，随着机械与生命体之间的重叠在逐年增加，甚至"机械"与"生命"这两个词的含义也在不断延展，甚至直到某一天，所有结构复杂的东西都被看作机器，而所有能够自维持的机器都被看作有生命的。与此同时，两种趋势不可避免地也在发生：第一，人造物表现得越来越像生命体；第二，生命变得越来越工程化。有机体与人造物分野并不像我们过去认为的那样泾渭分明，而是彼此嵌入，机器人、公司、经济体、计算机回路等人造物也越来越具有生命属性，凯文将这些人造或天然的系统统称为"活系统"。

"活系统"的体现之一来自昆虫界，昆虫界的群体行为往往被用来比拟互联网形态的杂乱无章，然而昆虫的群体表现是否真的如此低级呢？比如蜜蜂，其群体就像一个白痴的选举大厅，由白痴选举白痴，甚至不乏小说家弗兰兹·卡夫卡式的噩梦，蜜蜂每每往不同方向同时行动做无用功，就像一群流氓与乌合之众。

令人惊讶的是，蜜蜂群体最终却被证明非常有效率，最终蜂群会朝着一个方向坚定前行，蜂后也追随大多数，而不同蜜蜂迅速各司其职，体现了彻底的分布式管理。这个看似无序杂乱的群体表现得犹如一个完整的有机体，正如学者所言："就像一个细胞或者一个人，它表现为一个一元整体，在空间中保持自己的特性以抗拒解体……既不是一种物事，也不是一个概念，而是一种持续的波涌或进程。"

除了昆虫，鸟类和鱼类的群体行为也有类似的特质，被科学家认为必然源自相似的简单规则，"群体曾被看作是生命体的决定性象征，某些壮观的队列只有生命体才能实现。如今根据克雷格·雷诺兹的算法，群体被看作是一种自适应的技巧，适用于任何分布式的活系统，无论是有机的还是人造的"。有人将类似的集群所形成的系统称为超级有机体，要义在于"当整体行为从各部分的有限行为里有规律地涌现时，身体与心智、整体与部分的二元性就真正烟消云散了"。

超级有机体的种种概念很类似今天"喧哗而有序"的互联网，单个个体看似无意义的行为隐秘地呈现出爆发性的力量。伴随着互联网的去中心化，对于群体选择的重视重新提升到新的高度。由生物界启发开始，凯文·凯利总结出包括群体构成的系统运营的九个规律：分布式、自下而上的控制、递增收益、模块式生长、边界最大化、鼓励犯错误、不求最优、多目标设定、谋求持续的不平衡、变自生变。凯文揭示了创新的复杂系统跟生物进化内在的一致性，"九律"也构成理解未来互联网作为"超级有机体"的关键所在。

《失控》意图宏大，是一本涉及机器、系统、生物和社会的书，综合参考了生物、化学、计算机、控制论、运筹学、社会学等诸多领域，大开大合的跳跃论述几乎使得每一章可以独立阅读——看起来很"炫"的背后，更在有意无意之间，呼应了伴随技术革命、神经网络、生态平衡、人工智能和混沌理论等思潮而在 21 世纪勃然兴盛的复杂性科学精神。

作为最早提出"复杂性研究"的学者，埃德加·莫兰强调"来自噪声的有序"原则：如果我们将一些具有磁性的小立方体散乱在一个小盒子中，随意摇动盒子之后，其中的立方体会自动连接成一个有序的结构，动态而有序正是互联网作为一个复杂系统得以不断进化的动力。复杂性系统意味着什么呢？"无穷无尽的相互作用使每个系统作为一个整体产生了自发性的自组织，这些复杂的、具有自组织性的系统是可以自我调整并具有某种动力，也具有将秩序和混沌融入某种特殊的平衡的能力"。显然，凯文的思想渊源也与此息息相关。

有人说《失控》是一本"互联网时代的《资本论》"，又有人说这本书堪称"后工业时代的《圣经》"，其实对于反复强调互联网意味着"对于权威的终结"的"KK"而言，他或许更期待这本书能够作为一个个体对于"超级有机体"的贡献之一。姑且不论如乔布斯、斯皮尔伯格等诸多潮人宣称受到《失控》影响，凯文·凯利至今被看作"网络文化"观察家以及互联网游侠甚至是网络预言家，他的中国行更是将其热度推向新的高潮。

中国的故事对于凯文来说并不陌生，青年时期他多次到亚洲游历。曾经有人感叹这本书引入得有些迟缓，但凯文描述的一切愿景在中国刚刚起步，现在我们已经看到一线曙光。

回忆一下上一模块的生物学视角与进化视角，是不是觉得和"KK"的理论有相通之处？如果能够懂得从这个维度去理解时代与社会乃至于互联网，就会觉得不少当下不可理解的事件，其实表现出来的发展趋势很清晰。

·金句抄录·

伴随着互联网的去中心化，对于群体选择的重视重新提升到新的高度。

·推荐阅读·

《失控：全人类的最终命运和结局》

作者：［美］凯文·凯利

译者：东西文库

出版社：新星出版社

·延伸阅读·

《复杂》

作者：［美］梅拉妮·米歇尔

译者：唐璐

出版社：湖南科学技术出版社

第 **4** 章

混乱是阶梯

在本章开始之前，不如先说说一个并不新的段子，如果你面前有两个政治家，你怎么选？第一个吸过鸦片，抽烟喝酒，还被开除过不只一次；第二个是个受勋的战争英雄，素食且不抽烟，也没有婚外情。

你可能已经知道答案，第一个是丘吉尔，第二个是希特勒。如果说过去这个段子揭示了个人品德可能与公共品德无关，那么今天有人又提出了新的解读：生活不自律不仅不必然影响个人选择，很可能还是利好。这就是《金融时报》专栏作家蒂姆·哈福德在所写《混乱》一书中试图传递的信息。

这并不是简单的颠覆，而是对新时代各类现象的总结。我一直很喜欢蒂姆·哈福德的风格，清晰有力。他上一本著作《卧底经济学》畅销 150 万册，他的专栏在《金融时报》也极受欢迎，往往以看似反常识的说法揭示被忽视的真相。

在"断舍离"流行的今天，为什么重提混乱的力量？混乱一直存在，变化的只是对混乱的看法。蒂姆·哈福德还原混乱失控的9个重要场景，从艺术创作、战场斗争、危机公关到自然界等。

200多年前的18世纪60年代，德国曾经发生过一场运动，口号是"科学造林"。当时林业员为了增加森林出产木材的能力，找到了一种挪威云杉，经过测算之后，得出在两个世纪之后，它能够最大化森林效益的结果。

种植这种云杉后，最开始确实如测算一般，第一代云杉长得很好，出产木材数量很大，但是第二代云杉却出现了问题，比上一代木材出产量少了1/4。最开始大家并没有重视这个问题，因为云杉的寿命很长，直到一两个世纪之后，随着云杉一代代退化，问题才完全凸显出来，德国甚至发行了一套邮票，呼吁大家采取行动拯救森林。

那么森林的问题到底是什么？经过生态学家的研究，发现问题就出在第一代造林员身上，他们仅仅聚焦于经济效率，为了出材率最大化，主要培育挪威云杉而移走了别的树木，这导致了生物多样性的丧失，间接导致1/3非鸟类野生动物消失了，森林生态失衡。这一结果对于挪威云杉本身也是危险的，生长着同样大小同一种类的森林树木种子也变得抵抗力越来越弱，甚至树根也开始无法深入土壤，最终导致云杉越长越差，最开始追求的出材率也变成泡影。

由此可见，丰富的生态系统本身就意味着一定程度的混乱，努力去厘清这种混乱，甚至单一追求清晰的量化目标，其本身可能导致整个系统的崩溃。这样的故事不仅发生在自然界，也发生在人性世界。蒂姆·哈福德指出在不少领域都存在这一问题，最典型的就是银行监管。

为了监管银行，巴塞尔协会于 1988 年出台了《巴塞尔协议一》。随着环境变化、时间流逝，监管规则不断升级。问题在于，从《巴塞尔协议一》到《巴塞尔协议三》，表面看起来银行监管目标越来越明确，监管标准也越来越清晰，但实际上效果并不好。举个例子，在《巴塞尔协议二》的时代，希腊债券评级非常高，导致欧洲银行不断买入希腊债券，这最终导致了更大范围内的严重危机。金融危机之后，对于《巴塞尔协议》的反思也开始了，英格兰银行首席经济学家安迪·霍尔丹就质疑《巴塞尔协议》的量化考核对于银行监管的价值。

如此可见，一味排斥混乱可能带来意想不到的结果。与此同时，当有人受困于混乱的时候，也有人趁乱而起。如同影视剧《权力的游戏》中，当失去人心的疯王和罗伯去世时，群雄并起，不少小人物也走上了历史舞台。

在现代社会，这种传奇也不少见，最典型的就是美国前总统特朗普。从一开始，他被认为是局外人，共和党内部最看好的候选人是乔治·布什总统的弟弟杰布·布什。特朗普不被看好的一大原因是他看起来不稳定，不仅口不择言，情绪波动，而且不断制造新闻乃至丑闻，甚至可以临时借口主持人不支持自己而退出电视辩论。相比之下，别的候选人在竞选中都遵从传统的政治常识，表现得非常谨慎，生怕因说错一句话而丧失选票。

结果自然大家都知道了，特朗普笑到最后，他的支持率一路走高，这真的是意外吗？有没有别的原因？蒂姆·哈福德的一个朋友有别的解释，他早在 2015 年就指出特朗普其实是在不断打破对手的 OODA 循环（观察—调整—决策—行动），看起来他是任性而为的，其实是在不断制造混乱，打乱别人的节奏。面对特朗普的混乱攻势，多数竞选人不知所措，按照既定规则出牌往往处于劣势，甚至会让人觉得类似重复的机器人。特朗普正是这样，让别人无法确认观察乃至作出正确决策，从而掌握先机。

混乱可以带来灾难，也可以带来机遇，这取决于我们如何看待混乱以及应对混乱，即使顶尖科学家也是如此。今天的顶尖科学家总是不断改变研究课题，从而获得新的灵感与突破，有数据表明，他们最先发表的 100 篇论文之中，平均切换了 43 次研究课题。

《混乱》一书看起来很酷炫，各种案例罗列，不仅涉及经济学，还涉及心理学、军事学、脑科学、建筑学、生物学、医学、气象学等领域。其实掩卷思考，这本书并不是反常识的书，恰恰提供了更多传统智慧：与其说混乱的效率突然提升，不如说混乱的效率只是在过去被遮蔽被无视；与之对应，将整洁奉为信仰，是政府或者大机构的偏好，但这往往是错误且危险的。

回头审视，所谓市场系统或者自发秩序，一开始就不存在设计者或者控制者，就是在混乱之中寻找机遇，不断创新，以逼近完美。在互联网时代，混乱的效率终于更大程度地呈现出来。自发系统看起来一直是混乱的，但演化之下，其效率却高于机械的计划安排，大数据时代更是如此。本质上，混乱不是力量，适应混乱才是效率与创新的来源。值得注意的是，并不是清晰的力量不再起作用，而是世界变得更加变动不居，表层的简洁价值就降低了，这个时候适应混乱才是真正清晰有力的举措。

　　本章谈到关于自然和金融的案例采用了全新的角度，最后答案却差不太多。这个模块的特点是，它可能不那么理论化，但是和现实联系很紧密，这也是通识课程的目的。所谓看世界明白与深刻，很多时候要刺穿表面事件与新闻，洞悉本质，如同在大海之上把握波浪之下的洋流。

·金句抄录·

混乱可以带来灾难，也可以带来机遇，这取决于我们如何看待混乱以及应对混乱。

·推荐阅读·

《混乱：如何成为失控时代的掌控者》

作者：［英］蒂姆·哈福德

译者：侯奕茜

出版社：中信出版社

第 **5** 章

反脆弱：杀不死你的，使你更强

本章推荐书目为《反脆弱》，来自我很喜欢的一位作家纳西姆·尼古拉斯·塔勒布，他是交易员出身，现在是一名作家。

你应该听过黑天鹅这个名词，塔勒布就是《黑天鹅》的作者，随着 2008 年金融危机，黑天鹅事件真的在世界各国集体出现，塔勒布在金融危机之后变得炙手可热。他提醒我们，我们生活在一个充满随机事件的黑天鹅世界之中——理性的有限以及经验的宝贵。作为一个擅长概率论与哲学的高手，《反脆弱》全书的宗旨其实比较适合用尼采的一句话来总结："杀不死我的，只会让我更坚强。"

塔勒布将事物分为三元结构：脆弱类、强韧类、反脆弱类——不要单从字面来理解这三类事物，强韧（Robust）并不意味着最佳，脆弱（Fragile）的对立面往往不是来自强韧，而是来自反脆弱（Antifragile），也就是能够从冲击中受益。三类事物的区别在于特质不同，"脆弱的事物喜欢安宁的环境，反脆弱的事物则从混乱中成长，强韧的事物不太在意环境"。也正因如此，当事物暴露在波动、随机的不确定性环境之中，反脆弱往往意味着从变动中获得有利结果。

所谓反脆弱，就是在充满黑天鹅的世界，如何利用随机性来使自己更强大，就像蜡烛燃烧利用风一样，"风会熄灭蜡烛，也能使火越烧越旺。想要把火烧旺，就要渴望得到风的吹拂"。

从某种意义来说，反脆弱意味着对于未知和传统的承认，这就不可避免地带有某种保守主义倾向，甚至对于理性时代的抵触。互联网时代，似乎很流行动辄预言某类事物的消失，塔勒布的标准有所不同，他认为如果一类事物已经存在 25 年以上，那么就有概率比预言者活得更为长久。最典型的就是图书，当下主流意见认为电子阅读器即将取代纸书，但是按照反脆弱性的三元分类，电子阅读器可能属于脆弱类，纸书属于强韧类，而更具有反脆弱性的则是口述传统。再比如知识，学术界属于脆弱一类，专业知识及技能属于强韧类，但具有反脆弱性的则是博学。

《反脆弱》写作呈伞状展开，并非以往读者习惯的线性叙述。题材从预测到希腊债务危机，从技术到医疗再到时下流行的大数据都有涉及。这位怪人应该写得很过瘾，整本书的核心概念仿佛菊花，在不同方向上展开——他最后也承认，所有想法都可以提炼出一个核心问题，那就是一切都可从波动性中获得收益或损失，而脆弱性就是波动性和不确定性带来的损失。

从本质来说，反脆弱本来也是非线性的，因为这本书的写作模式也是反脆弱性的实验，读完导言之后，几乎每一章都可以独立阅读但不影响你对全书的判断。或许因此，有的读者认为结构略显松散，其实如果跟上作者的思路，就能发掘有趣的点，书中很多偏激妙语简直可以成为一本另类的魔鬼词典大集合，如"多上一门不必要的课就是对不起智商""除经济学领域之外，对某事的痴迷是最具反脆弱性的""实践者是不写文章的，他们只会动手去做；飞鸟果然会飞，但那些教导它们飞行的人，正是写故事的人""历史实际上是由失败者撰写的，他们有大把的时间，学术地位也得到保护"。

塔勒布的优点在于他的作品非常具有原创性，他的视角往往给你一个支点，从他给定的视角出发，你可以去审视万千世界，无论国家大事还是个体小事。

比如，有"神剧"之称的热门美剧《纸牌屋》，里面的女主角克莱尔就可以用"反脆弱"来分析。表面上，她几乎是无坚不摧的女人，简直是麦克白夫人与希拉里·克林顿二者合体的升级版，柔软与她无缘，直到第二季，观众才有机会一窥她少有的眼泪。当克莱尔的丈夫即男主角弗兰克成为副总统之后，第一次出席活动却是给性侵过克莱尔的海军上将授勋，身为副总统夫人的克莱尔则不得不在台前笑对这一局面，人后无声哭泣，甚至要求丈夫不要去报复对方。是夜，两人失眠，克莱尔叙述起往事，尤其对于当年无法反抗的自己难以忘怀，虽然她用力打碎了对方的鼻子。

你觉得这一情节安排是为了展示克莱尔感性的一面，还是为了描画克莱尔与弗兰克的二人真情？我觉得可能都不是。值得玩味的是，克莱尔的成长体现了对自身脆弱性的认识及掌握，换言之，这是一个具有反脆弱性的女人——她受伤，活了下来，不仅因此康复，而且更加强大，直到今天，她还在用当年的脆弱来不断刺激自己的成长。

克莱尔的案例，用《反脆弱》一书中的核心观点来说，即"给我们带来最大利益的并不是那些试图帮助我们（比如提供建议）的人，而是那些曾努力伤害我们但最终未能如愿的人"。

在《反脆弱》中，塔勒布指出我们生活在不确定的世界中，因为意外防不胜防，所以必须采取哑铃策略。所谓哑铃策略，即拒绝中庸，因为中庸往往是黑天鹅最先突破的领域，它可以用在投资上，也可以用在生活中。回到《纸牌屋》中的克莱尔，在婚姻选择上，她和弗兰克的关系设置，也具有一种反脆弱性。现实之中，选择具有反脆弱性的策略往往就是哑铃策略，大部分安全可控，小部分可以冒险。她也有个画家情人，画家显然更有个人魅力，但选择冷酷的政客弗兰克，无疑比选择画家更具有可预期的稳定性。克莱尔大部分时间会和弗兰克在一起，而小部分时间和画家在一起，这就是一种生物学上的哑铃策略的应用。甚至，克莱尔与弗兰克两个人彼此选择，是因为都可以给对方需要的东西，激发各自内在的野心与抱负，与其说是爱情作用，不如说是一种伙伴关系。

值得反思的是，克莱尔和弗兰克这样的人，他们的反脆弱性也涉及了伦理问题，那就是反脆弱性是建立在别人的脆弱性之上的，比如死去的佐伊，以及怀孕的下属。这是反脆弱的一个困境，"为了得到整体的反脆弱性，必须要让个体脆弱起来"。如何解决，这是另一个问题了。

想一想，在你遇到的人中或者你的生活中，有克莱尔这样的人吗，或者说有反脆弱的案例吗？

有趣的是，很多人认为《反脆弱》并不是塔勒布最好的一本书，但是我个人很喜欢，觉得不好的人或许觉得这本书简单重复，但是我认为这其实是塔勒布的叙事特点，他在不同维度展开讨论。将纸牌屋的案例引入，其实是希望大家将反脆弱的理论放在生活之中来思考。

第**6**章

天才达·芬奇教你的知识技巧

本章和大家聊聊传奇画家列奥纳多·达·芬奇，并不是要谈他的美术造诣，大多数人更关心经济和现实。事实上，我觉得在新经济形势下，每个人都是知识工作者，那么从达·芬奇身上都可以学到些什么呢？

和他的传奇画作《蒙娜丽莎》一样，达·芬奇是一个谜，一个文艺复兴式的谜。

从他的出生开始到他本人的成长，甚至在他死后对他画作的评价与真伪的辩论，500年来始终有着太多谜团，这也是达·芬奇迷人的地方。据说曾经有一个调查，将历史上所有著名人物排列，从中选出最可能是时空穿越者的，达·芬奇的排名遥遥领先。原因之一是他在16世纪对于各类军事工具的构想，比如坦克、飞行器等，在今天一一成为现实，更不用说他对于解剖学、化石、鸟类、光学、植物学、地质学、水流等领域的研究。

一个以绘画得名的人，为什么会有那么多奇思妙想，跨越如此之多的不同学科，并毕生保持了对探索的热情？他对于世界的好奇心似乎没有边界，这使得达·芬奇本人成为文艺复兴最好的象征。正如苹果创始人史蒂夫·乔布斯所言："列奥纳多·达·芬奇在艺术和工程技术中都能发现美，而他将二者结合的能力让他成了天才。"诚然，天才是达·芬奇最好的注脚，但是这并不是他魅力的全部。本章我给大家推荐《列奥纳多·达·芬奇传》，可以说为达·芬奇的传奇人生提供了另一视角，作者认为称呼达·芬奇为天才需要审慎，因为这可能会相对简化达·芬奇的人生，让人觉得他不过又是一个受到幸运之神眷顾的人而已。

你可能会问，真实或者更复杂的达·芬奇是怎样的？《列奥纳多·达·芬奇传》一书试图说明达·芬奇的才华"属于人类，并经由他的意志和抱负锻造而成"，换言之，达·芬奇的才华并不是生而有之，而是学而知之，甚至可以说，达·芬奇的天才成就是他赢得的。这一设定与大家的预想有些不同，但是作者为他的判断提供了更多证据。

达·芬奇于 15 世纪出生在意大利的托斯卡纳，我们熟知的名字达·芬奇只是代表他出生的地名，他真实的名字是列奥纳多。他的祖上几代人都是公证员，达·芬奇是他父亲的长子，按道理应该子承父业，但是他并没有顺利继承，一切源自他的处境：他是一个私生子，甚至最终没有分得父亲的遗产，这使得他一生都在寻找赞助人，但也使得他逃离了作为公证员的人生设定。他出生在 1452 年，这一年也是古登堡印刷厂开始运行的第三年，这使得当时的人们尤其是中产阶级的读写能力有了极大的飞跃。达·芬奇青年时代活跃在佛罗伦萨，这个城市有 1／3 的人识字，同时商业的力量急剧扩张，掌控佛罗伦萨政治多年的美第奇家族成为文艺复兴时期最著名的艺术赞助人，这使得人们对于艺术与娱乐的需求也持续提升，为文艺复兴铺平了道路，达·芬奇生得其时。

在 15 世纪，工匠虽然不被看作知识分子，但是社会地位开始提升，达·芬奇凭借自己的绘画天赋走上了这条路，并获得初步认可，但他并不满足于此。他从小没有上过正规学校，几乎不认识拉丁文，也不擅长数学尤其是算术，从某种意义上讲，他甚至不被认为是受过教育的人。但是他通过阅读、视觉化思考、细致观察与实验等方式，不仅自学了诸多知识，还使得自己的艺术作品处处体现着科学精神，也使得自身的想象力在现实和幻想世界合二为一。

达·芬奇不是完人。作为艺术家，他有一个很致命的问题，很容易分心，对于交代的工作往往习惯性拖延，不少工作甚至半途而废——以达·芬奇的寿命来看，他一生只完成了或者主要完成了 15 幅作品（现存作品），比起同时代的艺术家，似乎有些少。这看起来是懒散，但是深究之后发现，达·芬奇的性格中并不缺乏勤奋，他只是追求完美，密密麻麻的笔记记录了他的各种探索与思考，直到生命的最后阶段还在研究集合问题。他放弃一些看起来还不错的作品，只是因为还不够完美；而他的代表作几乎一直带在身边，这样就可以随时随地去补充和完善，从而使作品不断接近完美。达·芬奇只为自己有感觉的人作画，否则即使对方有钱有势如何要求，他都置之不理。最典型的是《蒙娜丽莎》，《蒙娜丽莎》的主人公是一位丝绸商人的妻子，名叫丽莎，但这幅画始终没有交给那位商人，达·芬奇也没有收过报酬。从这幅画动笔到达·芬奇余生的 16 年中，他游历诸多国家，都带着《蒙娜丽莎》，不断为之注入新的理解，使之成为巅峰之作。

曾经有一幅达·芬奇的画的真伪引发争议，因为画中的一处肌肉是由两块构成的，人们认为只有运用了后来才有的解剖学知识才会这样画，所以有人觉得这幅画是伪作。直到用红外线对其扫描后才真相大白，原来这幅画最开始的肌肉构成是按旧的错误方式画的，但是经过修正后改为了正确的画法，这揭示了达·芬奇为何毕生都在修补自己作品的原因：使作品能够不断完善。

《列奥纳多·达·芬奇传》的作者是传记老手沃尔特·艾萨克森，其立意和角度的确不同寻常，打破了人们对于达·芬奇天才神话的崇拜，让人们更多地看到达·芬奇是作为一个人类个体，如何在自身的天才之路上从起步到试炼再到成功的故事。艾萨克森毕业于哈佛大学，是杜兰大学历史系校聘教授，历任美国阿斯彭研究所首席执行官，曾任美国《时代》周刊总编辑和 CNN 董事长。作为资深媒体人，他的成功之处更多在于为不少名人做过传记，从《史蒂夫·乔布斯传》到《富兰克林传》，从《爱因斯坦传》到《基辛格传》，他此前所写的《创新者》在国内得到不少关注。由他执笔的长处未必在于全面或者翔实，更多在于他的独特理解，他对于革新者或者时代异类尤其显得情有独钟，也往往在这一领域和传主心有灵犀。无论是活着的传主还是逝去的传主，他往往能够从诸多资料档案中把握住传主的神韵，描画出传主不同凡响、蓄意创新的一面。

那么，艾萨克森眼中的达·芬奇是什么样的？在他看来，达·芬奇的才华不像牛顿或爱因斯坦那样得承天启，这两位的超级大脑远非我们能够理解，达·芬奇的才华在某种程度上是可以被理解的，而且也是可以被学习的。

对于希望通过阅读名人传记有所收获的人，艾萨克森的传记除了写得好看之外，往往提供了不少参考价值，这或许也是他的传记在商界尤其受到欢迎的原因。艾萨克森总结了达·芬奇的创造力密码，除了保持好奇、为求知而求知、挑战不可能、突破局限等商业家喜欢谈论的常规条款之外，还有拥抱神秘、放任幻想、为自己创造、团队协作、列出任务清单、在纸上做笔记等建议。其中，你可能会好奇"在纸上做笔记"为什么要单列出来，甚至好奇它为什么重要。事实上，正是纸张使得达·芬奇的诸多笔记得以流传下来。虽然现存的7200多页笔记估计只是达·芬奇所有笔记的1/4，但也足以成为不少人研究达·芬奇的最大宝库，相比之下，当艾萨克森为乔布斯写传记的时候，两人费尽力气寻找乔布斯20世纪90年代的电子邮件，但无论怎么找，最后找到的还不到全部的 1 / 4。看来，无论时代如何变化，纸张仍旧具有抗拒时间的反脆弱性，正如达·芬奇身上所表现出的不变的求知的激情。

达·芬奇作为一个谜，其本身也是人类探索未知的象征。对于达·芬奇传奇生涯的不同诠释，其实也代表了我们对于知识的态度。你或许不同意这本书的判断，但是这本书显然提供了与众不同的视角。每一个知识工作者，都可以从达·芬奇身上学到新的知识。

这一模块的内容从理论到现实，从普遍到个体，诸君能否明白这一安排的用意？了解达·芬奇的故事后，是不是再看《蒙娜丽莎》就会和以前有不一样的感觉？

·金句抄录·

　　达·芬奇的性格中并不缺乏勤奋，他只是追求完美，密密麻麻的笔记记录了他的各种探索与思考，直到生命的最后阶段还在研究集合问题。

·推荐阅读·

《列奥纳多·达·芬奇传：从凡人到天才的创造力密码》

作者：［美］沃尔特·艾萨克森

译者：汪冰

出版社：中信出版社

·延伸阅读·

《史蒂夫·乔布斯传》

作者：［美］沃尔特·艾萨克森

译者：管延圻、魏群、余倩等

出版社：中信出版社

第 **7** 章

上瘾：为什么你停不下刷屏

本章进入第五模块的最后环节，这个模块更多关注现实，我想聊聊大家都熟悉的一种行为——手机生活，或者说刷屏。

"某某五分钟，人间一小时。"继曾经的《王者荣耀》游戏沉迷风波之后，抖音、快手等短视频再度因为其轻易使人沉迷而引发人们的讨论。在道德批判之余，我们不得不正视一个问题，那就是我们已经进入一个"欲罢不能"的令人上瘾的时代，这是美国纽约大学斯特恩商学院学者亚当·奥尔特在《欲罢不能：刷屏时代如何摆脱行为上瘾》一书的观点。

亚当·奥尔特谈上瘾的视角更多元，综合了心理学、行为经济学等多重角度。从其官方介绍来看，他是普林斯顿大学心理学博士，任教于纽约大学斯特恩商学院，研究领域侧重于判断与决策、社会心理学、消费行为学，不仅发表过多篇学术期刊，也在《纽约时报》《纽约客》《经济学人》《连线》等媒体露面，曾被评为"全世界 40 位最杰出的 40 岁以下的商学院教授"。

关于上瘾的心理学为什么那么流行？首先在于使人上瘾的物品日渐无处不在。酒精、可口可乐、甜甜圈等都可以让人上瘾，可见，所有人在一定环境之下都可能成为瘾君子。电子游戏也是新的上瘾品，有实验表明，沉迷于电子游戏的人的大脑看起来就和海洛因吸食者的大脑差不多。

其次，从时代看来，更重要的原因是社交媒体时代可能更是一个上瘾时代，晚睡、刷屏、游戏、购物，甚至工作、健身，都成为现代社会新的上瘾症状。因此，上瘾时代之所以存在，主要原因在于技术的无处不在。

更有甚者，作者认为不仅网络上瘾和毒品之类机制类似，甚至行为上瘾与吃、喝、注射或摄入特定物质无关，比如他认为"点赞"就是我们这个时代的可卡因。在社交媒体以及科技产品的包围下，不少人都如同脑子中埋着电极的小老鼠，通过一次次刷新或者点赞获得愉悦感，或者说多巴胺刺激的神经元兴奋。

可以说，行为上瘾是一种人性，上瘾的诱因在于环境。如今的时代，你可以不去酒吧，保持低脂肪生活，但是你无法不使用互联网，无论简单邮件还是即时互动的社交媒体，更不用说本身有很强上瘾机制的电子游戏，其实已经深深嵌入我们的生活，无法避免。

按照《欲罢不能：刷屏时代如何摆脱行为上瘾》中的数据，美国大概四成的人网络上瘾，中国情况如何？根据中国互联网络信息中心（CNNIC）公布的 2018 年《中国互联网络发展状况统计报告》，2017 年中国网民的人均周上网时长为 26.5 小时，与 2016 年基本持平。这意味着中国网民每天上网花费的时间接近 4 小时。如果计算移动端上网，其中不少时间用在手机上。按照《欲罢不能：刷屏时代如何摆脱行为上瘾》中一位专家的看法，即使算上接打电话的时间，每人每天使用手机的时间不应该超过 1 小时。

时间并不是上瘾的唯一判断，其实即使婴儿也有目不转睛盯着移动物体的表现，这是人的本能。如何判断上瘾，作者认为只有一种行为此刻带来的奖励最终因为其破坏性后果而抵消才叫行为上瘾。换言之，上瘾就是无法抵挡短期内可解决深刻心理需求长期而言却会造成严重伤害的行为。

网瘾究竟是不是上瘾？游戏沉迷构成不构成问题？这些问题在过去有争议，现在仍旧没有明确答案，随着卷入人数越来越多，上瘾日益变为普遍问题。至少中国人对于手机的使用率超出世界多数国家。

对手机的痴迷深刻改变了我们的行为和思维，或许是时候反观打量一下我们自身的刷屏行为了。如果你对于瘾君子的第一判断是意志力不够，作者在书中会告诉你，在改变上瘾的过程中，使用意志力的人会先失败，更不用说上瘾产业中有无数人研究如何利用人们意志力的弱点。理解上瘾机制，其实才是远离上瘾的第一步。

上瘾机制究竟是如何运作的？按照亚当·奥尔特的分析，行为上瘾由 6 种要素构成，分别是诱人的目标、无法抵挡且无法预知的积极反馈、渐进改善的感觉、越来越困难的任务、需要解决却又暂时没有解决的紧张感、强大的社会联系。如此一来，我们对照成功的上瘾产业，比如最热门的网络游戏，起码是满足以上一点或者同时满足以上几点。

对于上瘾机制理解比较深刻的人，恐怕更多来自上瘾产品的制造者，"生产高科技产品的人，仿佛遵守着毒品交易的头号规则：自己绝不能上瘾"。其中，令人印象比较深刻的是，乔布斯本人在 2010 年发布 iPad 的时候说它"妙不可言"，但实际他的孩子没有机会接触 iPad，甚至孩子在家里用技术产品也有很多限制；还有一个顶级游戏设计师，自己并不玩自己设计的游戏，因为他知道自己时间不够用。

上瘾时代如何解决上瘾症状？理解上瘾机制之后，恐怕更多的是思考如何引导上瘾机制。这本书除了对负面的上瘾机制有很多讨论外，也讨论如何利用上瘾来做一些正面引导，比如通过游戏化的方式让工作学习等更有趣。值得一提的是，痴迷与强迫和上瘾不同，但表现接近，所以作者说痴迷与强迫是上瘾的近亲，"痴迷是人产生了情不自禁、停不下来的想法，强迫是使人停不下来的行为"。

反过来说，就像对待上瘾一样，如果我们可以对这些特征善加利用，加以正面引导，或许可带来事半功倍的效果。比如学习，有实验表明，如果学习资料的难度刚好比孩子当前的能力高一点点的时候，孩子的学习效果最好，也最有动力。关于保证正面行为的及时反馈其实也有别的研究证据，积极心理学家米哈里·契克森米哈赖所著的《心流：最优体验心理学》中就明确，好的心理体验需要有及时反馈。其实，这也是一种"上瘾"机制，只不过效果比较正面，可以在工作和管理中运用，工作狂往往也是一种隐蔽的行为上瘾。积极心理学，或者可以看作成功学的一次升维，创造力也是对于上瘾行为的升华。

通过讨论这种刷屏行为，可以更好地理解我们人类自身以及这个时代。在一个上瘾的时代，我们只有认识上瘾，才能够面对甚至超越它。这个模块的特点在于应用，因此所讲的案例和书更多关注现实，在学习中你也可以时不时停下来，想想可以和生活中的什么地方结合起来，学必须与思结合在一起，尤其在洞察领域。

在社交媒体以及科技产品的包围下，不少人都如同脑子中埋着电极的小老鼠，通过一次次刷新或者点赞获得愉悦感，或者说多巴胺刺激的神经元兴奋。

·推荐阅读·

《欲罢不能：刷屏时代如何摆脱行为上瘾》

作者：[美]亚当·奥尔特

译者：闫佳

出版社：机械工业出版社

第六模块

投资

软阶层时代的策略

第**1**章

避免上当：钓鱼还是钓愚

通常来说，投资的第一课，恐怕就是避免上当，本章就聊聊《钓愚》这本书。

本书的作者是两位很有名的经济学家，乔治·阿克洛夫、罗伯特·希勒都是诺贝尔经济学奖得主。而且二人在写作方面也都颇受欢迎，这对严肃的学者来说很不容易。二人上一本合作的书《动物精神》口碑很不错。这次两人再次联手，不仅使得书的可读性有了保证，而且会赢得主流学术圈的更多关注。

《钓愚》(*Phishing for Phools*)的题目中，"欺骗"(Phish)的英语单词出现于20世纪90年代，是一个网络用语，表示"互联网上一种专门套取个人信息的诈骗行为"，作者将其定义延展为一般性欺骗行为而非计算机领域特有的现象，甚至包括合法行为，"我们也不仅仅将其定义局限于非法活动，而是看成一种设局使他人达成自己而非他人的意愿的行为。在历史上，这种行为比比皆是"。

他们认为欺骗行为的受害者显然就是被欺骗（Phool）了，被欺骗者可分为心理型与信息型两种类型，前者可以再分为两种，"一种是感性超越了理性，另一种是在对现实的认知上存在障碍，就像在错觉的引导下行动"。

按照这个定义，沉迷于老虎机的赌博者是前者，而安然股票的投资者是后者。以前大家多以为前者咎由自取，如今两位经济学家则将矛头指向提供这类沉迷机会的商家。

如此一来，不难体会到这是一个钓愚横行的时代。或者说，就是消费主义时代的问题。你可以说商家为了服务消费者，把一切可能的需要和不那么可能的需要都考虑进去了。商家多半不认识消费者本尊，但是却竭尽全力服务每位匿名消费者，就是为了多赚一点消费者荷包中的钱。这可以说是出于恶或者不那么善的动机，却给予了最大的善，也是资本主义进化到今天的最大实际贡献和理论成就。

在"看不见的手"的驱使下，人人为自利，最终达到社会共同的最大的善。然而，市场选择之下，自利意味着消费者和商家的理性，在经济学中理性往往是以"显示性偏好"来表示的：我选择什么，就表示我喜欢什么，也表示什么对我来说是最好的，而商家的理性则体现在长期博弈中表现出的诚实。但这是理想情形，现实在于，消费者的选择并不总意味着保持理性，也不一定意味着对于他们是最优结果，比如赌博、饮酒等情形。类似情况往往会被商家利用，甚至会演变为欺骗，即使这个商家不利用消费者的非理性，那么别的商家也会替补出现，这就是乔治·阿克洛夫、罗伯特·希勒所著《钓愚》中所讨论的"欺骗均衡"：承认欺骗在自由市场是普遍现象，而不仅仅是自由市场出现外力干预等情况下的异常或者偶然。两位虽然是自由市场的信奉者，但是也强调普遍存在的人性弱点、信息不对称等让我们成为"钓愚"中的受骗者。

这一结论带给经济学圈内人的震动或许大于圈外人，毕竟主流经济学将理性人视为基石，而在日常生活中，大家其实更多相信横跨经济学与心理学等多领域的卡尼曼的说法"人是不完美的机器"。

随着法治和市场的完善，这种欺骗手段往往更为圆滑，甚至可以说是营销手段而不是欺骗，最为典型的案例就是健身卡。健身房提供的消费选择往往是按次或者按年，从实际使用情况来看，多数人其实办次卡更划算，但是在办卡的时候多数人又希望自己可以持续健身，对于坚持健身的计划过于自信，因此往往会按年的方式选择半年。这个案例算是行为经济学在经济学中得到承认的重大案例，因为有了论文和模型。但是在这个案例中，能够单纯指责健身房在欺骗吗？或许有误导，但严重的欺骗谈不上。甚至有的健身房反其道而行之，通过对赌的方式来激励顾客，即顾客开始预存一笔现金，健身一次就发一笔现金奖励。

劳烦两位大牌经济学家来写这样在广告业、营销业甚至心理学、社会学等领域已经研究运用多时的主题，不得不让人感慨杀鸡焉用牛刀。不过两位大咖联手，也使得这本书的主题超越太多同类的题材。比起结论，比较有趣的是书中的案例，从汽车到房地产，从烟酒到食品甚至金融行业，各种"自由的欺骗"手段令人叹为观止，一个个生动的故事揭示了"钓愚"的普遍性。更为重要的是，他们的结论在于，钓愚不仅让普通消费者损失惨重，更可能通过负外部性累积起来，对于社会造成系统性风险，典型如 2008 年金融危机。因此他们认为政府应该做点什么，正如"政府本身就是问题"之类的说法本身也是一个故事，甚至近乎"钓愚"的言辞。

作为主流经济学家，两人的预言听起来很可怕，这背后倒是反映出我们正处于一个新的时代。现在流行的新经济甚至"互联网＋"，其中不少产品很大程度就是在利用人性的无聊、渴望刺激等阴暗面，正如微信之父张小龙就曾经在饭否博客中说过这样一句话："还是你们用户爽，哪里爽到哪里，苦的是做互联网的，要整天分析你们的阴暗心理好让你们更爽，还不能明说。"如果说产品做的一切都在满足用户的虚荣、热闹、逃避、贪婪等，那么，大众同样都有受虐的心理，为什么不做一款产品去虐待他们？

如果微信不做，别的产品就会蜂拥而上，但是真的有那么不堪吗？钓愚是一个灰色地带，是一个社会丰富竞争的自然结果，正如中国那一句老话：姜太公钓鱼——愿者上钩。人性的弱点之多，让骗子有点用不过来，一方面，我们应该指责骗子，不断防范新的骗术需要政府和法治的力量；另一方面，我们还需要依赖自身，提高作为消费者的判断能力，这也是《钓愚》之类书籍大声疾呼的意义所在。

现实中的钓愚无处不在，没有那么多"韭菜"，哪有那么多骗子？比如互联网金融骗局，则更具有傻子不够用的特点，实际上也陷入一个中国式"钓愚困境"，聪明的傻子比比皆是。除了自诩精明的各类互联网金融薅羊毛族，有的投资者专注于高回报而忽视风险，甚至在平台公司丑闻爆发后，还希望媒体不要报道，以便拿回投资全身而退。

贪婪是人的本性，而避免占便宜心态，可能是避免上当的重要因素，这也是投资中要学到的第一课，天下没有太多便宜事，有了也多半不会轮到自己。

贪婪是人的本性，而避免占便宜心态，可能是避免上当的重要因素，这也是投资中要学到的第一课，天下没有太多便宜事，有了也多半不会轮到自己。

· 推荐阅读 ·

《钓愚：操纵与欺骗的经济学》

作者：[美] 乔治·阿克洛夫、[美] 罗伯特·希勒

译者：张军

出版社：中信出版集团

第 2 章

经济与市场，是否可预测

这一模块的主题是投资，投资的收益与涨跌趋势有关，所以很多时候就涉及预测，无论宏观还是微观。

纵然没有可以看见未来的水晶球，经济学家也往往被要求预知市场动态。从预测效果来看，无论是对宏观经济还是资本市场，经济学家的战绩都不能算很好，以至于有个笑话如此调侃，经济学家做了什么？短期来看，他们做了很多，长期来看，他们什么也没做。

宏观经济本是成长变动之中的系统，追求准确预测是否可能？最常见的俏皮话是经济学家预测出了过去 5 次衰退中的 9 次，这听起来过于刻薄，但实际情况可能更为不堪。以统计数据及历史记录较为完备的美国为例，根据美国统计学家纳特·西尔弗在其著作《信号与噪声》中提供的一些研究结果，20 世纪 90 年代，在全世界 60 次衰退之中，经济学家预测到的只有两次。

　　如果说衰退是小概率事件，那么常规预测战绩如何？以美国经济学家对国内生产总值（GDP）的预测为例，在1993年到2010年的18年间，GDP的实际值6次跌出了经济学家的预测区间，也就是说预测的错误率高达1／3；如果回溯到从这项调查开始的1968年来说，42年内，实际GDP增长率有1／2的年份都跌出预测区间——这听起来不无魔幻现实主义的感觉，已经接近扔硬币决定的概率。

　　比起学术界的经济学家，服务业界的经济分析对于预测有更多现实要求和个体体会，毕竟这事关职业信誉和奖金饭碗。在投行经济学家中，高盛的首席经济学家简·哈祖斯被认为比较靠谱，纳特·西尔弗认为哈祖斯至少比起同行靠谱，毕竟在金融危机爆发之前的2007年，哈祖斯就曾经发表过一份警告人们注意住房按揭风险的备忘录。

　　那么，哈祖斯对预测怎么看？他认为经济学家面临三个基本考验：第一，单纯依靠经济统计数据，很难判断起因和结果；第二，经济始终都在变化，某一经济周期的经济运行状况无法被用来解释未来经济的发展；第三，如果说经济学家以往的预测如此糟糕，那么他们预测时所参考的数据质量也好不到哪里去。

　　哈祖斯的三点观察无疑令人深思，经济是一个动态的复杂系统，数据之间的相关性解读仍旧依赖于对经济事实的深刻理解——也正因此，每一个故事背后，其实都需要数据的支撑。著名华人计量经济学教授邹至庄曾经表示："有些人怀疑经济学家能否作出准确的预测。我可以向他们保证经济学家确实能作出准确的预测。当经济理论可以解释经济现象时，这些理论就能用来作出很好的预测。当经济理论难以解释某些现象时，这些理论就没法作出好的预测。"

邹至庄的话乍看起来类似同义反复，但事实上却揭露了一个常识：在试图预测经济数据之前，人们更应该首先学会解释经济事实，如果书本理论对于解释真实世界尚且力有不逮，那么对于准确预测就更加无从谈起。

对比美国的情况，对中国有什么可以借鉴或提供帮助的吗？回想几年前的中国市场，资本市场火爆之时，短线信息备受关注，曾经一度流行精确预测 GDP、CPI 等宏观数据，以此预测央行货币政策等决策。市场诞生了不少"章鱼哥"的背后，又引发太多槽点。

也正因如此，从对数据的态度，可以区分出三类中国经济学家：第一类是完全不看数据；第二类则是完全依赖数据；第三类则是依赖数据，但是同时也依赖逻辑。笔者更为推崇第三类经济学家，第二类经济学家显然过于机械，更值得注意的是第一类经济学家，他们往往有着不少民粹主义信徒支持，因为他们给出的理由更容易赢得这部分民众的欢呼。

根据笔者了解，中国统计数据最近 10 年的数据质量改善很大，这点国内外学界也有一定共识。数据打架并不稀罕，面对数据的矛盾，首先尝试给出合理解释应该是更理性的态度。更进一步，当数据无法解释经济事实之际，一句简单的官方数据造假是否就完全免责了呢？

你可能听过卡尔·马克思有句被反复引用、备受推崇的名言："哲学家们只是用不同的方式解释世界，而问题在于改变世界。"鼓动人心的话语背后，现实并没那么豪迈简单，对于一个好的理论家而言，能够尽可能完备地解释世界已经是至善至美的结果。

经济学家的好坏有很多定义，但其中的一个分类应该是其对于真实世界的态度。在理论化、模型化大行其道的今天，好的经济学家应该从现实经济出发，回归解释世界这一正途，正如邹至庄的比喻："和良医能成功治愈病人的疑难杂症一样，好的经济学家也能够作出更加精准的经济预测。"

我们此前谈了宏观预测和金融市场预测的诸多谬误。事实上，即使是学术文章，也存在大量水分。伴随着学术体制的完善，一方面，论文发表被当作科研人员最重要的晋升台阶；另一方面，论文也越来越要求实证研究，很多基于实证的论文看起来言之凿凿，实际情况却可能并不乐观。

从小有"神童"之称的医学学者约翰·埃尼迪斯在 2005 年曾掀起一场风波，当年，他发表了一篇名为《为什么大部分发表的研究是错的》的文章。他表示大部分公开发表的科学论文存在各类偏差，不仅论文本身，而且实验方法和统计方法也存在各种问题，导致只有大约一半的论文能得出正确的研究结果。可重复性是科学研究的一个基础，可惜，不少研究结果将面临无法重复的窘境。更有甚者，某些类别的研究，埃尼迪斯放言可以进行二次研究并成功得到相同结果的研究比例不超过百分之一。埃尼迪斯的研究自身也引发很多争议，但是他也揭露了研究里值得重视的问题：造成偏差的原因有主观也有客观，比如样本容量选取过小、研究能力不足、选择性报告等。

要求严谨的科学研究尚且如此，其他领域的预测水平可想而知。市场可否预测，其实很重要的一点是要区分"预言"与"预测"。根据西尔弗的考据，"预测"一词源于日耳曼语，而"预言"一词源自拉丁语，"'预测'反映的是新教世俗思想，而不是神圣罗马帝国的理想世界。'预测'是指在不确定的条件下进行计划，这一行为需要谨慎、智慧和勤奋，更像我们今天所说的'预见'一词"。

从衰退到股票涨跌，对它们的预测逻辑其实一样，预测市场其实比预测宏观经济更难。对于绝大多数人而言，放弃预测尤其是自我预测不失为明智之举，我们也许不能区别信号，但是可以先屏蔽噪声，在一个太多噪声与小道消息的市场，这已经成功了一半。

·推荐阅读·

《信号与噪声：大数据时代预测的科学与艺术》

作者：［美］纳特·西尔弗

译者：胡晓姣、张新、朱辰辰

出版社：中信出版社

第**3**章

索罗斯的反身性传奇

　　在说完比较理论的内容之后，来看看最成功的实践者是如何操作的。说起投资之神，很多人会提到巴菲特，不过我更欣赏索罗斯，因为他不仅仅是一个成功的投资者。

　　提起索罗斯，可能大部分人的第一印象是投资大鳄。其实现在流行的跨界，乔治·索罗斯早就玩过了，他才是一等一的跨界玩家，在商业、政治、慈善等领域，他都能从一个局外人进阶到重要玩家。索罗斯 85 岁时宣布退休，这一消息迅速成为各大媒体的头条。可即使退休，也并不表示索罗斯这号人物在江湖上会销声匿迹，无论是否听得明白，索罗斯的发言世界都会聆听，慈善也一直是他的另一块天地。

　　从 20 世纪 80 年代最成功的基金管理人到 90 年代初打败英格兰银行的对冲基金高手，从亚洲金融危机的投机黑手到卢布风暴的幕后推手，从各大知名财经报刊的财经评论员到捐款亿万的跨国慈善家，从开放社会理念同情者到东欧人道主义行动的实际支持者，近年来，他又变为诸多阴谋论的主角，这些都指的是乔治·索罗斯。

那么索罗斯的投资哲学独到之处在哪里？听过很多人谈巴菲特的价值投资，但是谈索罗斯的"反身性原理"（Reflexivity）的人却很少，因为这个理论不太好懂。索罗斯认为"参与者的认知缺陷是与生俱来的，有缺陷的认知与事件的实际过程之间存在一种双向的联系，这导致两者之间缺乏对应"，他把这种双向联系称为"反身性"。

粗略地总结一下，即人的情绪和现实的错误会发生交互影响，而市场的错误会诞生更大的错误，比如将价格推向极端。不难看出，反身性原理既不符合主流思想，也不符合流行观念。主流观点一般认为市场总是正确的，但是从反身性原理来看并非如此，"从市场价格表达未来偏向的含义而言，市场总是错的"，可以看作失真；更进一步，这种失真在两个方向上都起作用，"不仅市场参与者的预期存在着偏向，同时他们的偏向也影响着交易活动的进程，这有可能造成市场精确地预测未来发展的假象，可事实上不是目前的预期与将来的事件相符合，而是未来的事件由目前的预期所塑造"。

反身性意味着人与情绪、现实与历史彼此影响、彼此作用，在金融市场上更是如此。索罗斯将金融市场的变化解释为一个历史的过程。以往也谈过一些主流经济学思路，其思路是建立在完备信息假设之上的均衡思路，但是索罗斯就指出，"完备知识的假设是令人怀疑的，如果认识的对象中包含有主体的参与，这种认识就不可能被称为知识"。他在学生时代学习经济学的时候，经济学的假设还是完备知识，后来改成更小一点的完备信息，但是即使如此，这个思路还是有问题，索罗斯的做法反其道而行之，他的反身性原理的一大特点其实就是反均衡。

这个理论比较系统的阐述是在《金融炼金术》一书中，写书时索罗斯已经很有成就了，他认为这本书是其生命历程的写真，融汇了他思想发展的两条主线——"抽象和务实"。从这里，也可以看出索罗斯和巴菲特有那么一点点不一样，巴菲特比较务实，相对于慈善，他对赚钱兴趣明显更大；索罗斯也有赚钱的兴趣，但有时候感觉他是把市场作为自己理论的检验器，有点哲学家派头。

反身性这一理论确实不容易弄明白，基本可以总结为，市场总是错的，而错误会放大，但探究下来有几个层次，带有哲学家波普尔哲学的背景。众所周知，索罗斯自称是失败的哲学家，这与他作为哲学家卡尔·波普尔的弟子大有关系。索罗斯自认，这一生除了他的父亲，卡尔·波普尔是对他影响最大的人。索罗斯多次向他致敬，他应该算波普尔最有力的推广者和公众知名度最高的学生。索罗斯认为卡尔·波普尔的《开放社会及其敌人》蕴含着无穷的启示力量，波普尔的开放社会虽然没有给出定义，但其原则基于"根本真理无法被证实"的前提。

索罗斯的毕业论文也是波普尔指导，但其实两人交往并不深。波普尔属于对学生很直接很严格的类型，而索罗斯的成绩并不算好，他对记忆中两人讨论论文的结果并不算很满意，这或多或少缘于他不属于学术上很出众的传统类型。

尽管如此，作为成功的投资家，索罗斯一直没有放弃哲学思考。20世纪60年代小有成就之后，索罗斯曾经联系波普尔看他的论文，但最后又丧失信心，提前从波普尔的办公室把自己的论文拿走了。30年后索罗斯功成名就，他将自己的基金会以波普尔的名字命名，并特意写信给刚刚获得爵士封号的波普尔，但是后者却回信表示对他几乎没有印象。即使索罗斯没有从波普尔的办公室拿走论文，现在的一切恐怕也没有什么不同，他的背景和他的表达很难被定义为学院体制之内的"金童"。

直到今天，索罗斯的反身性理论一直没能得到足够的学术认可，即使动物精神和非理性研究已经得到诺贝尔奖的认可。一方面，这与数学有关，索罗斯小时候数学不佳，长大后也深受影响，他到现在还害怕在数学符号中迷失，他自己承认选择经济学其实只是没有办法，他更偏好哲学之类的学科。数学不佳使得索罗斯的著作很难得到主流学术界的认可，但并没影响他赚得盆满钵满。

另一方面，说明在更大程度上，学术界和金融市场一样也是反身性的生动样板：主流经济学对于明显的疏漏视而不见，埋头于各类均衡之中以求获得学术认可，而在预言金融危机中获得最高声望的也是"末日博士"鲁比尼、海曼·明斯基之类的非主流人群。或许共同点之一在于他们都是主流学术圈的"局外人"，正是因为他们不在主流之内，所以更能看到主流理论的裂痕，更能关注现实世界的真相。

索罗斯没有在学术体制内得到认可，却在市场与大众中获得认可，这其实就是一个更本质的哲学问题，你不可能得到所有人的认可，所以也许最好的人生策略是怎么想就怎么过。索罗斯的故事还有很多，映照进现实，我们可以反思市场狂热下的各种生态，索罗斯说市场是错误的，但是你更应该思考，自己很可能也是错误的，短期投资的利润可能来自运气，但长期投资的利润更多是洞察力的体现。

·金句抄录·

索罗斯的故事还有很多，映照进现实，我们可以反思市场狂热下的各种生态。索罗斯说市场是错误的，但是你更应该思考，自己很可能也是错误的。短期投资的利润可能来自运气，但长期投资的利润更多是洞察力的体现。

·推荐阅读·

《金融炼金术》

作者：［美］乔治·索罗斯

译者：孙忠

出版社：海南出版社

《金融大鳄索罗斯传》

作者：［美］迈克尔·考夫曼

译者：王柏鸿

出版社：上海人民出版社

·延伸阅读·

《超越金融：索罗斯的哲学》

作者：［美］乔治·索罗斯

译者：宋嘉

出版社：中信出版社

第 **4** 章

滚雪球：巴菲特的人生智慧

谈到投资，不可能不谈沃伦·巴菲特。但是巴菲特传奇的背后有着什么样的故事呢？市面上有许多关于他的书，本章的推荐书目为《滚雪球》，这是一本得到巴菲特授权的传记，作者撰写得很考究。

此前巴菲特还没有出版过授权传记，所以这本书出版后很快就进入《华尔街日报》《纽约时报》畅销书排行榜。从这本书中，我们可以看到巴菲特作为普通人的一面，比如巴菲特并非天赋异禀，他儿时只是个内向的小孩，能花几个小时沉迷在火车模型目录中。比较突出的是，他在幼儿园时的爱好和兴趣就是围绕着数字打转。在游戏和教堂中的思考使他明白，概率很重要，四周到处都存在可以计算概率的事物，"关键就在于收集信息，尽你所能找到多少是多少"。

坦白地说，这本书没有制造神话，对巴菲特影响比较大的投资家格雷厄姆和查理·芒格的篇幅也不是很多。很多人读了表示失望。其实巴菲特和普通美国人没什么两样：喜欢可乐，支持给富人加税。除了用私人飞机，很多时候从外表根本看不出来他有多特别。关于《滚雪球》，可以说它的缺点是内容琐碎，优点是观点实在。

书名之所以叫《滚雪球》，是来自巴菲特的一句话："人生就像滚雪球，重要的是发现够湿的雪和一面够长的山坡。如果你找到正确的雪地，雪球自然会滚起来，我就是如此。"这是巴菲特9岁时的顿悟，当时他和妹妹伯蒂在院子里玩雪，他把雪揉成一个雪球，变大之后，在地上慢慢地滚动，每推动一次雪球，雪球就更大。某种意义上，"滚雪球"就是表示找到合适的地方，发挥自己的长处，相信时间的力量，这其实和比尔·盖茨的名言"做你所爱，爱你所做"在精神上有些类似，难怪二人会成为忘年交。

滚雪球的道理具体到巴菲特身上，就在于他能发现自己投资的长处，做自己擅长的价值投资，然后足够长寿。其实，巴菲特所谓的滚雪球，即真正地做时间的朋友，滚雪球并不仅仅指赚钱，认识世界、结交朋友也是一样。

网络上有很多巴菲特的故事，其中真真假假，让人很难辨别，《滚雪球》的好处就是比较平实。技术性的内容很多地方都有，这里就不多说了。巴菲特一生只持有数量很有限的股票，如果你在1956年把1万美元交给巴菲特，坚持持有到近几年，其税后价值可高达2.7亿美元。这些眼花缭乱的数据背后，其实体现了一个简单的原则——时间的力量，并表现为复利的魔力。复利其实就是我们中国人常说的"利生利""利滚利"，不单投资巴菲特如此，其实如果你当初去投资标准普尔，在 20 世纪 40 年代花 1 万美元购入，持有到现在，其价值可能超过 5100 万美元。

他的赚钱技巧可能被诟病为过于简单，但是价值投资的核心其实并不难，按照巴菲特搭档查理·芒格的话说："投资的本质就是寻找标错赔率的赌局，寻找获胜概率是 1 / 2，赔率是一赔三的马。你必须拥有足够多的知识才知道赔率是不是标错了。这就是价值投资。"

也正因此，价值投资最关键的技巧是减少错误，在自己能力范围内做事，比如不投资自己不懂的领域（在新经济高潮时期巴菲特坚持不投资互联网），有人说投资苹果其实是巴菲特的弟子所为。其实巴菲特确实运气好，以至于比较极端的人，比如《反脆弱》的作者塔勒布这样的人，就觉得他不过是一个随机致富的傻瓜。

不过，我很佩服巴菲特，一方面，运气好本身就是难以复制的天赋；另一方面，他的洞察力在他的成功中发挥了重要作用。正是他的洞察力，让他避开 20 世纪 70 年代大熊市抄底的诱惑，让他识别出一系列的伟大公司，让他充分授权、善用战略，取得公司治理的成功。

在投资领域，索罗斯总是被拿来与巴菲特对比，一个是世纪股神，一个是金融大鳄，颇有"南帝北丐"的感觉。两人都出生于大萧条后的 1930 年，而且都在 8 月，不过索罗斯出生早一点，是狮子座，巴菲特则是处女座。两人在小时候都不乏对商业的兴趣，索罗斯曾为了谋生做过各种外汇交易，并在 14 岁时就帮一位亲友兑换外汇，从而明白经纪人与场外交易的区别。而巴菲特小时候也对股票表现出了强烈兴趣，11 岁时就在父亲的证券经纪商工作，买卖股票。

巴菲特的投资理念是讲求长期复利的"滚雪球"，索罗斯的投资哲学则是利用短期错误的"反身性"理论。以大众流行观点来看，前者被认为是投资，更为正统，而后者则被认为是投机，更为取巧——这其实也反映出大众对于对冲基金或者做空者的偏见，总是认为他们带来不稳定，而巴菲特之类的长线投资者会带来稳定。事实上，市场经济尤其是资本市场的主要功能就是对价值（及其反面对应物——风险）定价，做多与做空都是正确定价所必需的，由此带来的波动性也恰是市场生命力所在，所谓投资，很多时候无非是成功的投机而已。

从个人财富与资产规模看，好像巴菲特占优，但这也更多只是因为投资风格以及公司性质的不同。从某种意义上讲，两人都赶上了美国资本主义的好时代，但是两个人的差距，我认为不在于投资水平，除了性格差异之外，倒是很好地说明了移民奋斗的艰难程度。

沃伦·巴菲特的人生就是一个典型美国大富翁的人生，他的家族 19 世纪就来到奥马哈，多代经商，父亲是国会议员，妻子是曾经的邻居，在离巴菲特的家只有一个半街区的地方长大，同时双方的父母是多年的老朋友。巴菲特的家庭也很幸福，儿子小巴菲特自由地选择了音乐事业，巴菲特自己除了私人飞机及可乐之外，也没什么特别爱好，他的资产大部分都会通过比尔·盖茨及其妻子建立的"盖茨基金会"捐出。巴菲特很多言论很亲民，比如主张对富人征税，这使得他曾经被评为美国除了父亲之外最可敬爱的男人。

索罗斯则复杂得多，他出身于匈牙利中产阶级家庭，少年就遭遇国破家亡，17岁离家留学，成年后也堕落沉沦过，直到26岁来到美国才开始事业起步。他离婚三次，与子女关系并不算非常和谐，在公共评价之中也远远比巴菲特复杂，他也会说自己更像精明的匈牙利人而不是天真的美国人。

巴菲特知足常乐，他明白自己的优势，曾多次描述自己的成功在于幸运，主要原因在于出生在美国，"我很幸运，我出生在美国，成功的概率为1/30或1/40，我与生俱来就有一些幸运的基因，也恰巧出生在合适的年代，要是我出生在几千年前的话，很可能成为那些凶猛野兽的午餐，因为我既不擅长奔跑也不会爬树"。

也因此，我们可以体会到，索罗斯的人生比起巴菲特来说复杂得多，外界的复杂评价某种程度都是内在世界的映射，外界对于索罗斯的又爱又恨与对巴菲特单纯的爱，也是基于这一点。

　　索罗斯是一个移民企业家，任何移民都是一场艰难的文化跨越，只有成功跨越过语言、文化、社交等高耸入云的"巴别塔"的人，才能最终看到辉煌。据说索罗斯很欣赏经济学家杨小凯，曾经希望雇用他，两人惺惺相惜之处不少，移民应该是其中一项。索罗斯在美国自立门户，早期客户也主要是欧洲人，很多是认识很多年的人。但是即使聪明勤奋如杨小凯，在西方打拼也很辛苦，也最终未能斩获诺贝尔经济学奖。不仅仅在于学术研究等硬性指标，更在于社交网络等软性环境的短板。

　　比较巴菲特与索罗斯，就像面对两座神像，两人的精神世界与物质存在都令人激赏。但是对比巴菲特纯净简单如透明玻璃的精神世界，索罗斯的精神世界则复杂绚烂如教堂的彩色玻璃，从中投射出不同文化不同世界的光泽。

　　我个人倒是觉得索罗斯的成就其实比巴菲特伟大，原因就在于他的起点不如巴菲特，打拼之路相当艰难，他的人生是从一个封闭社会向开放社会攀登的曲折过程，其中的疏离与被排斥，不是巴菲特这样生于此老于此、幸福平安的奥马哈人能够体会到的。成名之后索罗斯的关注点，也与巴菲特式的简单行善哲学有所不同，他对于铁幕国家的情感以及构建开放社会的想法，使得他对于世界有着更清晰宏大的认识，也有着坚定的价值观。

　　对于普通人而言，学习巴菲特的价值投资显然比学习索罗斯更现实一些。这方面，除了巴菲特，大家也可以关注芒格。

芒格是价值投资的布道者，做的比说的多，做对的事比做错的多，活得又足够久，这些共同成就其传奇。价值投资易学但难以精通，要害就在于投资本身就是一门实践。据说巴菲特认为是芒格的理念让他从猩猩进化到人类。想了解巴菲特，就不得不读芒格，芒格的智慧，不仅关于投资，也关于人生，关于自我精进。

中国有很多巴菲特信徒，却很少有成功者，这是个值得思考的问题。其实人生就是一场价值投资，时间是最大成本，行动就是买入。职业就是雪道，对于普通人来说，选择对自己来说最长的雪道，才是最重要的。投资可能是属于自己的雪道，也可能不是，但无论如何，终归有一个雪道是最适合自己的，在那里，应该开始滚自己的雪球，为自身增值。

·金句抄录·

投资可能是属于自己的雪道，也可能不是，但无论如何，终归有一个雪道是最适合自己的，在那里，应该开始滚自己的雪球，为自身增值。

·推荐阅读·

《滚雪球：巴菲特和他的财富人生》

作者：[美]艾丽斯·施罗德

译者：覃扬眉、丁颖颖、张万伟等

出版社：中信出版社

第 **5** 章

长线投资：第五种职业

最成功的投资者不仅包括个人投资，更包括机构投资。投资这个行业符合一句老话——真人不露相。我们常常看到一些人在电视节目中抛头露面大谈投资，对于这样的人，其实更应该小心，因为一般来说，越成功的投资者越低调，也越远离大众。

有一家公司成立于 1931 年，同时也是全球最大的独立投资研究组织之一。它们管理的资金规模达到上万亿美元，多年来保持很高的业绩。这个级别的公司，坦白地说，资产比《原则》的作者达利欧甚至巴菲特多很多，但是它们一直很低调，也远离聚光灯。

这家公司就是美国资本集团，它可以说是美国最优秀的私人投资公司之一，在业内名列前茅，口碑甚佳。它管理着超过1 万亿美元的资产，历经 80 多年的风浪却始终稳坐潮头，在波谲云诡、潮起潮落的市场中，始终保持着高于标准普尔指数的回报，成为投资界的标杆。资本集团以低调著称，尤其与媒体刻意保持距离，所以长期淡出公众视野。有位常常在媒体出镜的明星经济学家跳槽去这家公司之后，几乎就从江湖上销声匿迹了。

对于读者来说幸运的是，投资家查尔斯·埃利斯凭借他的耐心和名望为世人揭开了这个卓越团队的面纱，《长线》正是这样机缘巧合的产物。

这家神秘的机构有什么特别之处？它们把投资当作一种真正的专业。从世界范围来说，有三种专业算得上是被广泛认可的职业——律师、教师、医生，或许在西方国家还应该加上牧师。但是美国私人投资公司资本集团却认为除此之外，还应该有第五种：帮助个人投资者理财并理顺他们和金钱的关系的职业投资人。为人理财并理顺人与金钱的关系，这是美国资本集团的信念之一，而正是他们，创造了美国投资界的传奇。

那么，美国资本集团长年低调，而查尔斯本身就是专业金融咨询机构格林威治公司的合伙人，甚至做过鲁怀特黑德学院投资委员会和耶鲁大学投资委员会主席，作为全球 10 位投资管理行业终身贡献奖获得者之一，他为什么写这本书，又是如何打动资本集团的呢？查尔斯做了一个比喻，假设自己是一个走在部队最前面的侦察兵，大部队还在几公里之外，但是在前方看到了雄伟壮阔的大峡谷。面对此情此景，是选择冒着被嘲笑的风险向大部队传达这一美景的消息，还是什么也不说等他们自己看？

可以看出，查尔斯被资本集团几十年的坚守深深打动，最终决定拿起笔与公众分享资本集团带给他的震撼感受，而他在业内的声誉也打动了美国资本集团，所以才能历时多日与资本集团数十位合伙人进行了多次坦诚的对话，试着向世人展示它们的管理模式与成功经验。

本书围绕着美国资本集团最核心的问题展开，即美国资本集团创造杰出业绩的秘诀是什么。其实，与所有的共同基金公司一样，美国资本集团成员也面临商业信条与职业信条的抉择，但是他们往往是把职业信条放在商业信条之前，近乎完美地设计了配套制度来加以保证并强化决策，例如，为了"为股东服务"这一理念能得到贯彻激励，始终坚持高度私有化；为了创造团队精神与个人表现的最佳结合，始终拒绝明星制员工的雇用制度，坚持多维顾问决策制度；在外界热点概念不断变化中坚持长线投资管理风格。这些都是共同基金集团难以复制的优势，均需一整套坚韧的企业制度作为长期后盾支持，虽然短期内难以立竿见影，但是历史最终会给予丰厚回报。

共同基金行业和其他行业一样，销售和投资是重中之重。但是因为资本市场瞬息万变，而变动会直接导致投资者的变化加快，竞争激烈程度并不亚于快速消费品行业，因为投资者的平均持有时间只有几年——估计国内交易情况更为频繁。所以大部分基金公司都会全力以赴向个体投资者促销，不惜血本包装明星基金经理，铺天盖地打广告。但是美国资本集团则很特殊，它们总是那么保守而低调，以自己的方式坚守阵地。它们的营销策略是牢牢抓住基金经纪公司，同时以专业投资团队及长期回报来增强券商和投资人的信心，这使得它们的共同基金销售组织成为同业内的领头羊。

我们很早就谈过分工的重要，经济学的创始人亚当·斯密在200多年前的《国富论》中就一再谈及分工的重要性："劳动生产力上最大的增进，以及运用劳动时所表现的更大的熟练、技巧和判断力，似乎都是分工的结果。"第一模块中也谈过，斯密认为正是分工促使资本主义兴起与国家的富足，而他的观念也得到历史的证明。现在看来，投资管理队伍的日益壮大正是市场成熟、分工完善的结果，"专业的人做专业的事"的理念因此在投资界日渐深入人心。资本市场并非永远是高效率，为不同的证券合理定价更应该由专业机构与职业人士来完成。事实也证明，机构投资者占据主流的市场往往更加稳健。

投资公司也是企业，也离不开战略与管理。美国管理学者艾尔弗雷德·钱德勒在他的经典巨著《战略和结构》中，通过考察美国杜邦、通用汽车等大公司的兴衰，提出了"从长远来看结构最终决定战略，并且当公司的结构功能越强大，越可能扼杀公司战略的效率"的结论。所以，美国资本集团的管理结构或者战略虽然可以总结归纳成文，但不意味着资本集团的经验可以简单复制。作为一个刻意保持创新的投资团队，资本集团的合伙人会始终微笑着向你表示："在资本集团，唯一不变的规则就是变化。"

中国股市的一大特点就是散户多，随着A股市场的成熟，开放式基金日趋活跃，"基民"由此成为热门的经济词汇之一。根据相关数据，中国证券投资基金的 A 股市场份额很多年前已达到了 15%，基金已经成为 A 股市场最大的机构投资者。耐人寻味的是，沪深证券市场建立伊始就产生了"股民"一词，而起步于1998 年的中国基金业，跋涉近十年之久才有了"基民"一词的流行，这多少算一个进步。比起制造业与国际接轨的程度，基金业与国外同行相比落后太多。

中国股市未来应该是机构的天下，散户会逐渐退出。其实美国股市的现状，就是散户被逐渐"杀死"。当然，中国机构投资者的成熟之路还很远，美国资本集团算一个标杆。在这样的背景下，无论对于基金管理者还是普通投资者，《长线》一书正是为我们开启新视野不可多得的一扇窗户。

·金句抄录·

作为一个刻意保持创新的投资团队，资本集团的合伙人会始终微笑着向你表示："在资本集团，唯一不变的规则就是变化。"

·推荐阅读·

《长线：资金集团的成功之道》

作者：[美] 查尔斯·埃利斯

译者：吴文忠、吴陈亮、常长海等

出版社：中信出版社

第 6 章

宽客：金融游戏的数字陷阱

众所周知，华尔街从来不缺聪明人。但时代在变，老牌的做法已经落伍，宽客成为风头最劲的一群人。

回顾历史，20 世纪 80 年代，华尔街还是沃伦·巴菲特等价值投资者的天下，对冲基金则在 20 世纪 90 年代赢得无数眼球，如今，低调神秘的宽客则日渐浮出水面，步入台前。宽客是英语单词"Quant"的音译，表示受过严格科学训练的数量金融分析师，正是他们创造了金融市场上复杂多变的金融交易模型。

在所有的明星宽客中，没有人比伊曼纽尔·德曼的经历更为传奇。伊曼纽尔·德曼现任美国哥伦比亚大学金融工程学系主任、《风险》杂志专栏作家、投资风险管理顾问。没人知道，这位日后的华尔街数量金融大师是来自南非的移民，他来到美国希望成为一名理论物理学家，他人生前 30 年的志向一直是以学术研究为主业。伊曼纽尔早年毕业于哥伦比亚大学，获理论物理学博士学位，算是爱因斯坦、薛定谔、李政道等物理学巨匠的门徒。

随着孤寂学术生涯的展开，伊曼纽尔逐渐意识到自己不再可能成为第二个李政道，再三考虑之后决定投身商业，无意之间刚好赶上华尔街风生水起的衍生品革命。那是一个科学家发现了华尔街，而华尔街也发现了科学家的时代，无数的科学家涌入华尔街，华尔街也意识到了数量金融分析师的意义。越来越多的投资银行和基金公司开始采用日益复杂的数量交易策略和衍生产品来建模并控制风险，无数的职位为理工科博士敞开大门。

时势造英雄，如鱼得水的伊曼纽尔先后加入投资银行高盛集团和所罗门兄弟公司，在金融产品创新领域取得极大建树，参与创作了业界广为采用的布莱克·德曼·托伊利率模型和德曼·卡尼局部波动率模型，于 2000 年当选国际金融工程师协会年度金融工程师，2002 年入选《风险》杂志名人堂。当他再度回到大学校园之后，伊曼纽尔写下了这本回忆录《宽客人生》，回顾自己从物理学家到金融宽客的人生轨迹。

这本自传通俗而精彩，伊曼纽尔以专家眼界的高度，从个人经历下笔，写成了一部从容游走于"至刚"的物理学者与"至柔"的金融家两种极端身份之间的曲折故事。伊曼纽尔的巨大个人跨越背后，其实也是金融衍生品革命浪潮的侧面投射，从伊曼纽尔·德曼身上，我们看到一个宽客时代的来临。伊曼纽尔认为宽客是金融知识、数学和计算机技术这三者之间的多面手，就像《圣经》中的超越物种限制的动物，一个混血的选手。

　　"在物理学中，你是在和上帝玩游戏；在金融界，你是在和上帝的造物玩游戏。"在物理与金融这个不同的世界中，伊曼纽尔始终都在反思金融模型是否能够再现现实这一命题。一个物理学模型如果能够计算出行星、粒子的轨道，那么它就是正确无误的；但是金融模型则很难从观察中得出正确的判断——这不是因为物理学更精确，而是金融学更"难"。

　　毕竟，我们生活在一个充斥着太多错误信息的市场，这本身暗示了社会科学的局限。另外一位知名宽客就曾在他编写的教科书中指出"我所见过的每一个金融学原理，经过论证都可以证明是错误的，问题在于错得有多少"。这是因为，只有基于简化的前提假设，物理学家们的数学技巧才能在金融分析中派上用场，但金融市场的复杂性正好体现在，它的实际运作总是有可能在某些情况下偏离给定的简化假设。从这个意义上讲，"所有的模型都是错误的，区别只是在于，有些错误的模型更有用"。在书中，伊曼纽尔颇具哲学意味的思辨充盈着智慧之美，他最终认为物理技术在金融领域几乎生产不出最为近似的真实结果，因为金融里面"真实的价值"本来充满吊诡、含混与矛盾，宽客只能努力作出有用的近似结果。

　　在一个盲目崇拜理性的年代，人类把几乎一切财富和市场的稳定性都建筑于数学模型之上，忘记数字也会有崩塌的危险。第一代宽客伊曼纽尔的先见之明在一个浮躁的时代没有引起应有的重视。人们采用了伊曼纽尔的模型，却摒弃了他的忠告："当人们把模型当作偶像崇拜之时，距离灾难已经不远了。"

在 2008 年金融危机中，不少金融产品都是基于典型"宽客化"数量分析模型制作出来的，以往在市场波动中常常可以保持绝对收益，而这次却因为过分依赖模型而在市场的过激反应中成为最大输家，有的产品甚至直接参与了金融危机的引爆过程。他们能够精确计算得出历史与未来，却往往在修正当时的错误中陷入更大的错误。须知，"宽客的天空之上，仍应有对神秘的敬畏"。

·金句抄录·

当人们把模型当作偶像崇拜之时，距离灾难已经不远了。

·推荐阅读·

《宽客人生：从物理学家到数量金融大师的传奇》

作者：[美] 伊曼纽尔·德曼

译者：张戟

出版社：中信出版社

第 **7** 章

对冲基金：风云启示录

2008 年金融危机中压倒骆驼的最后一根稻草就是按揭贷款，一切危机都源于按揭贷款。当几乎所有人都为此付出巨大代价的时候，也有人一战成名，一家机构因做空按揭贷款证券赚了37亿美元——不错，这就是约翰·保尔森的对冲基金，他也因此成为"对冲基金之王"。2010 年他又赚到 50 亿美元，甚至高薪聘请美联储前主席格林斯潘担任经济顾问。

保尔森并不是一个人，他代表一个新群体神话般的诞生——对冲基金。其实大家对这个群体很陌生，即使在欧美，也是这些年才逐渐对其有深入的研究。媒体出身的塞巴斯蒂安·马拉比的《富可敌国》可以说是关于这方面的重要著作，他曾经如此形容这些巨头："在 21 世纪的头几年，因为市场繁荣，顶尖的对冲基金经理们经过几年的交易已经积累了大量财富，他们赚到的钱远远超过了华尔街最好的投资银行，甚至使从事私募股权投资基金的巨头们都黯然失色。"

不只是 2008 年金融危机，对冲基金在几次金融危机时都曾出现，也善于挑选管理不善和处于危机前沿的公司进行做空，就像是善于捕捉猎物伤口血迹的鲨鱼，敏捷地等待着机会给予猎物致命一击，赚上一大笔钱。亚洲金融危机时期，时任马来西亚总理马哈蒂尔·穆罕默德就曾经愤怒地指责对冲基金是"狂妄的投机者"与"金融强盗"。对冲基金成为不少金融民族主义者攻击的对象。

道德化评价并不利于我们理解真实的对冲基金行业，塞巴斯蒂安的工作就是弥补这一空白。他曾经在保罗·沃尔克任美联储主席期间担任对外关系委员会国际经济高级研究员，在《经济学人》杂志社工作了 13 年，专门负责经济全球化和政治经济。为了完成本书，他对对冲基金行业进行了超过 300 小时的人员访谈与对无数内部文件的深入调查。他对金融界的演绎与思考令人称赞，可以说这是一本内行人写给所有人的对冲基金著作，无论你是否懂行，都能从中受益良多。

从 2003 年到 2006 年这 3 年间，前 100 名对冲基金的资金翻了一倍，达到 1 万亿美元，对冲基金的时代又一次到来。其实，对冲基金是一个历史悠久的群体，甚至在华尔街投行、债券买卖、收购兼并兴起之前，对冲基金就已经存在。只是它们低调而神秘，如今却无法遏制世人对其的关注，也许到了揭开对冲基金真实面目的时刻。作为敏锐捕捉市场机会与系统漏洞的玩家，对冲基金的过去与存在预示了金融系统的未来。

如果下次被问及投资家，除了巴菲特和索罗斯，一定要记得加上西蒙斯，他算是近年来很火热的量化投资大师，《原则》的作者瑞·达里欧只能算后来者。除他之外，《富可敌国》里面还写了很多大牛，试图为我们勾勒出对冲基金几十年间的发展史，历数其间英豪，从鼻祖阿尔弗雷德·温斯洛·琼斯到誉满全球的乔治·索罗斯，从老虎基金创办人朱利安·罗伯逊再到用公式打败市场的詹姆斯·西蒙斯，从"短线杀手"迈克尔·斯坦哈特再到新晋显贵约翰·保尔森等，这些对冲基金人的活动不仅构成自己的历史，互联网也被写进了金融史。1987 年的股市暴跌、互联网泡沫、次贷危机等关键节点都不乏他们的身影。他们代表各自时代的趋势与市场的玄机，通过他们，我们也看到了金融系统演变的路径。

对冲基金能赚如此多钱，吸引如此多聪明头脑并且长盛不衰的原因，即对于对冲基金来说，人才是其最大资产。关于这个行业的秘密也许要从其创始者的基因中去寻找。作为世界上第一位对冲基金经理，琼斯的履历在今天的金融界可谓十分寒碜："没有上过商学院，没有计量金融学博士学位，也不是在摩根士丹利、高盛或者其他任何培养世界金融主宰的摇篮里成长起来的。"甚至，他还做过记者，直到 48 岁他才凑了 10 万美元设立了一只对冲基金。然而，对冲基金创始人琼斯赋予了对冲基金的全部要点：首先，有绩效费，公司利润的 1 / 5 截留下来分给团队，从而大大激励了员工的工作热情；其次，避免条条框框以保持根据市场变化选用投资方式的灵活性；最后，对潜力股的做多和对没有潜力的股票的做空，或者更加简单地说，即对看好资产的做多与看跌资产的做空。

"卖空"可谓是对冲基金最擅长之举，也是最被诟病之处，不少人指责做空者扰乱市场秩序。早些年亚洲金融危机中不少政要就曾大声申讨索罗斯等人经营的对冲基金，2008 年金融危机中也不乏有人指责保尔森从这场美国人失去家园的危机当中赚钱"很龌龊"。而为其辩护者则认为，正是做空让市场的疯狂更早终结，虽然可能是以更加极端的方式，否则泡沫最后破灭时的灾难或许更大。做空作为市场理性与非理性的平衡因素之一，非常有必要，有其重要的存在价值，毕竟没有比单边市场更为疯狂的事情了。

正如作者所言，对冲基金并没有精确的定义，也不是所有对冲基金都与头条新闻有关。事实上，索罗斯或者保尔森所属的宏观对冲基金只占庞大的对冲基金群体的很小比例，绝大多数对冲基金规模不到他们的 1／100，其风格也更像理智沉闷的工程师，而不是叱咤风云的军事将领。从历史性来看，作者认为对冲基金似乎不容易出现内幕交易或欺诈，甚至对冲基金体量小到可以任意倒闭，其失败不会导致系统性连锁反应，似乎可以为苦恼于"大而不倒"的监管提供一个解决思路。

2010 年期指在中国上市，从此打开了中国对冲基金大门。

不过期指交易受限、个股做空难行，使得国内私募基金离真正意义上的对冲基金还有些距离。

与其妖魔化对冲基金，不如真正理解它们在做什么。对冲基金属于古老的做空者行业，它们的存在，本身就是对于偏离均衡的市场的拨正。也许你不喜欢做空者，但是这就像你在市场之中无法规避波动一样，单边的市场更危险。这个行业在中国刚刚起步，以后会越来越重要。

·金句抄录·

也许你不喜欢做空者，但是这就像你在市场之中无法规避波动一样，单边的市场更危险。

·推荐阅读·

《富可敌国：对冲基金与新精英的崛起》

作者：[美] 塞巴斯蒂安·马拉比

译者：徐熙

出版社：中国人民大学出版社 | 湛庐文化

当"编辑基因人"出现,你应该思考什么?

2018 年,一则关于基因编辑婴儿的新闻引起了社会关注,据人民网报道,"一对名为露露和娜娜的基因编辑婴儿于 11 月在中国健康诞生。这对双胞胎的一个基因经过修改,使她们出生后即能天然抵抗艾滋病。这是世界首例免疫艾滋病的基因编辑婴儿,也意味着中国在基因编辑技术用于疾病预防领域实现历史性突破"。

消息一出,在朋友圈引发热议。随后也出现反转和质疑,甚至医院表示否认,根据界面新闻报道,深圳和美妇儿科医院否认该院和此事有关,"这件事不属实,我们没有接受过相关信息,不知道这件事为什么会上热搜,正在调查",可以总结为"不了解情况"。

无论这次真相如何,确实使得大家切实感受到基因伦理的问题,不在这家医院爆发,也会在别处。

对于这类基因编辑人，很多人第一反应不是欣喜和惊奇，而是有点害怕，这个感觉源自这一问题触及伦理底线。

不少人第一时间想到科幻电影，例如《银翼杀手》等电影。编辑基因是迟早要来的，因为其中利益巨大。花 50 万元上早教名校，不见得能成功，但花 50 万元做基因编辑，保证孩子的智商达到 150，焦虑的中产阶级无法拒绝如此诱惑。至于分散于个体的、微小的、迟缓的且可改变的危险，最终都是可以解决的，不会衍生出灭绝的危险。简单地说，黑死病人类都扛得过来，其他的危险不算什么。

现在大家都觉得问题的本质在于选择哪种完美，而不是思考选择完美本身是否妥当。有经济人读书会书友就提出，在"编辑基因人"出生之际，再看《弗兰肯斯坦》及《一九八四》，它们的思想源头到底是什么？

"编辑基因人"的出现，让我们思考，基因改造的伦理边界在哪里？我们是谁？人如何定义？道德动物是否可能？

针对基因编辑的问题，我给大家推荐一本书，即哈佛"网红学者"、著名政治哲学家迈克尔·桑德尔的一本书，书名是《反对完美：科技与人性的正义之战》。他在哈佛教授的本科通识课程"公正——该如何做是好？"累计超过一万学生听课，是哈佛有史以来听众最多的课程。

《反对完美》出版于 2007 年，是一本不足 10 万字的小册子，主体由 2004 年刊登在《大西洋月刊》的文章组成。这本书缘起于桑德尔 2001 年担任布什总统的生物伦理委员会委员时的一些思考，他对此表示"意外"，但是多了一个机会去讨论技术进步带来的人性焦虑。与桑德尔此前的畅销书《公正》和《金钱不能买什么》面向当下有所不同，这本小书面向未来，却也引发了诸多讨论。

"一对女同性恋伴侣想要一个孩子，两个人都失聪，也就是有问题，却以此为一种生活方式，也因此，她们期待一个失聪的孩子。于是两人精心挑选了精子捐献者，最终得到一个天生失聪的孩子，但这个消息经过媒体报道却引发诸多批判。"这是一个典型的桑德尔式开头，以日常故事叙述引出一个道德困境，桑德尔提问："通过事先设计把孩子制造成失聪的人是错误的吗？""如果是的话，又是哪里做错了——是耳聋的部分，还是设计这个行为？"

在这个极端案例中，基因改良的道德标准被重提，更进一步，如果以往科幻小说中的场景在技术进步中成为可能，人类应视其为福利还是梦魇？譬如父母可以自由定制子女的特质，运动员可以通过基因改造提升表现，学生可以服用记忆药物代替苦读等。

桑德尔认为，"在开明的社会里，人们首先触及的是自主权、公正和个人权力的措辞，但这部分的道德词汇不足以让我们处理无性复制、订做孩子和基因工程所引起的最大难题，因此基因革命才会导致道德上的晕头转向"。

伴随着技术进步，公众集体不安以及道德焦虑不再那么遥远，福利还是梦魇似乎分分钟都可能成为现实。桑德尔的药方是要求人们重新讨论自然在道德上的地位和人类面对当今世界的正确立场，这种论调甚至被其国内对话者引申为中国传统中虚无的"度"。

迈克尔·桑德尔很红，在中国尤甚，数年之前，已经可以轻易达到上千人的讲座规模，今日更是热闹非常。此时此刻，作为政治哲学家的桑德尔隐而不见，反而是作为公开课老师的桑德尔四处布道。

有人调侃中国适合桑德尔"卖萌"，另一位参加过桑德尔对话的学者曾困惑地说，他说的都和公开课完全一样，也没什么新东西，为什么还有那么多人趋之若鹜？更有甚者，千里迢迢去哈佛就为了这一"公正"的大讨论——道理很简单，大家赶的就是一个人场，如同粉丝觑见流行歌星，要的就是现场感。

"卖萌"也好，布道也罢，一说桑德尔也是受了国内学者启发，有意效仿当年哲学家杜威在中国讲学引发的思想涟漪。那么，这一次桑德尔带来了他的《反对完美》，又将引发什么思想讨论呢？

显然，和《公正》中很多案例类似，桑德尔并没有给出确定性的答案。在极端情况下，回答并不存在"该如何做是好"的可能，而是通过提出问题来完成解答，或者说，反对就是反对本身。对于充满不确定性与矛盾的未来，这种态度未尝不是一种开放姿态，但是换个角度来看，一个可能的讨论路径应该是什么？

生物技术到底是人类的解放还是潘多拉的魔盒？用保守或进步的观点来简单分类是否有些武断？如果从经济学的角度来思考，反而可能相对清晰：人是否拥有自己身体或者子女的改造权，很大程度取决于这一改造的外部性，如果外部性是负，那么就需要三思。很多改造，目的如果是正面，譬如更美更强壮，更容易被接受，即使这看起来未必符合自然选择及惯常人性。

也正因如此，个体层面，每个人都有权利定义自己的"完美"并努力实现之。至于这种追求给予别的个体的影响，只能放在群体博弈的范畴中解决，即由此带给别人的损失（或者价值观上的反对意见）必然迫使他为之付出代价，这个代价可以平衡他的价值与别人的价值之间的冲突。

换言之，追求完美只有在工具意义上才成立，即你必须定义一个完美状态，然后无限逼近它。这个完美状态只能是工具理性的，即"为……的完美"，例如"为达到某种目的而制作的最高效工具"。在价值层面，每一个人的价值选择不同，无法定义对每一个个体而言都成立的完美，就此而言，也无所谓反对完美。

话虽如此，很多议程一旦进入政治讨论，就变得不可收拾，譬如同性恋、堕胎、移民等案例，自由至上主义者往往遭遇不同群体的抵制，就像我们对于基因工程的态度一样。桑德尔显然也不认可功利主义等解决思路，他的"共同善"的思路虽然听起来美好，但具体路径仍旧有待商榷，这是"桑德尔们"在反对之余必须直面的问题。

出于人性的考量，桑德尔等人认为生命是恩赐，父母对子女的爱应该是无条件的，可是现实呢？人是动物，即使是一种道德动物，大家有超然的哲学解释，可是恋爱、家庭等关系是建立在基因几万年的进化基础之上的，生物进化论者甚至会把利他主义也视为基因延续的概率计量。这或许令人不快，却有其解释力。对比《反对完美》，我想推荐罗伯特·赖特《道德的动物》，其基调在于，"自然选择似乎已经计算了成本收益，并将它转化为情感，尤其是爱的情感"。

回头来看，道德是什么？苏格拉底的定义或许可以参考，"德行即知识"，所谓知识，也是不断演进的观念的集合。无论从经济学还是生物学角度考量，桑德尔的反对都值得一听，毕竟观念世界的坐标系就是由不同理念的互动博弈而成。但值得警惕的是，不同的极端派，看似针锋相对，或许本质就是同源，无论极左还是极右。

·金句抄录·

伴随着技术进步，公众集体不安以及道德焦虑不再那么遥远，福利还是梦魇似乎分分钟都可能成为现实。

·推荐阅读·

《反对完美：科技与人性的正义之战》

作者 [美] 迈克尔·桑德尔

译者 黄慧慧

出版社 中信出版社

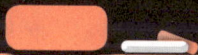

·延伸阅读·

《道德动物》

作者 [美] 罗伯特·赖特

译者 周晓林

出版社 中信出版社

从张维迎到亚当·斯密，如何从法治看市场

学术离不开辩论，甚至可以说正是严肃的大辩论，引发了学术的跃升。

说起经济学上的大辩论，在国外首推哈耶克与凯恩斯的讨论。那么中国呢？最近几年大家很关注张维迎与林毅夫的争论，这场辩论也引发各种讨论，但我认同一位朋友的说法，这场辩论总让人觉得是后发优势和后发劣势之争在不同语境下的重演，可谓是前者的 2.0 版本——在中国最近二十年最重要的经济学家辩论，也许还是林毅夫和杨小凯的辩论，而林毅夫和张维迎的辩论应该说也是回响之一。

从事后的评价来看，对张、林二人的态度，基本取决于评价者个人"左"与右的倾向而不是二人观点本身。他们的不同，被总结为三个交锋：亚当·斯密谈政府作用的理论过时吗？企业是企业和政府合作的结果吗？利用比较优势是政府擅长还是企业

擅长?

我也有幸莅临了他们辩论的现场,从现场感觉来看,我感觉二人所谈问题的层次不同,也有基本理念与操作层面之别,上面三个问题实在见仁见智。如果想进一步明白二人的观点,还是要细读他们的文章或书。这也是我做这本通识读物的原因,看不明白现状,很多时候只是因为读书少而已。

经济发展到今天,没人会直接否认市场的作用,也没太多人会支持无政府主义。多数人已经认识到政府和市场的关系远非非此即彼,二者都很重要,尤其在后发国家。

张维迎和林毅夫都谈到亚当·斯密,斯密如此界定国家的三重义务,"第一,保护社会,使不受其他独立社会的侵犯;第二,尽可能保护社会上各个人,使不受社会上任何其他人的侵害或压迫,这就是说,要设立严正的司法机关;第三,建设并维持某些公共事业及某些公共设施"。

对照现实,很难说我们已经超越斯密的目标。斯密强调看不见的手,也强调公正的司法,也就是法治。按照诺斯的框架,一个良性社会的有效运行秩序在于对暴力的约束,无论国家还是个人。现代国家的诞生可以被视为政府垄断暴力而政府受到约束的双向过程,因此整个社会的自我约束相当重要。

我想强调的是,张维迎谈市场,同时也在谈法治——无论具体政策分歧如何,构建有法治的市场经济是中国最应该走的道路,这一点近年也得到越来越多精英人群的认同。最终路径当然不易，免不了碰撞与互动，我比较欣赏哈佛大学罗德里克教授的一句话："相同的经济学，不同的经济政策。"

40 余年的改革开放，中国已经成为世界第二大经济体。与此同时，对于中国前景的争论仍旧在继续，譬如中国能否在下个 20 年继续保持高速的增长。

伴随着中国经济的崛起，尤其是金融危机之后欧美经济的萎靡，国内乐观以及自满的情绪也在滋长。中国金融危机应对是否得力？宏观调控是否是中国奇迹的源泉？经济改革是否已经完成？企业家与民主化的关系如何？

大家可能也对上述问题抱有疑问，对于这些问题，张维迎所写的几本关于市场的书都值得关注，比如《市场的逻辑》《通向市场之路》等，他的回答或许与时下潮流不同，却是焦躁当下急需的一味"清凉剂"。

向后看，就是向前看。如何看待这些问题，恐怕还是应该解答何为中国经济的增长动力源泉这一问题。作为市场经济不遗余力的鼓手，张维迎开篇就肯定中国经济奇迹来自市场化改革。不仅对于中国如此，对于全人类福祉的增加市场的力量也功不可没。

他引用了美国伯克利大学经济学家德隆的研究结果，来说明人类财富在最近 200 年的大幅积累程度。"从旧石器时代到公元 2000 年的约 300 万年间，人类花了 99.4% 的时间，即到 15000 年前，世界人均 GDP 达到了 90 国际元（这是按照 1990 年国际购买力核定的一个财富度量单位）。然后，到公元 1750 年，又花了 0.59% 的时间，世界人均 GDP 达到 180 国际元。从 1750 年到 2000 年，即在 0.01% 的时间内，世界的人均 GDP 增加了 37 倍，达到 6600 国际元。"

人类约 97% 的财富，是在过去 250 年（也就是人类存在时间的 0.01%）里创造的。原因何在？答案就是市场的力量，西方国家在 200 多年前开始实行市场经济，对应的是中国 40 多年来的改革开放。当然，这一答案或许仍旧存在争议，但是市场演进对 200 多年间人类的财富积累效应有目共睹。

在经济学鼻祖亚当·斯密笔下，市场以看不见的手开始，以分工作为产业衍生，最终诞生了无数不需要他人善意的看得见的结果。

诚然，市场裹挟一切，即使乞丐也未能幸免，陌生人之间大量相互帮忙，大部分是通过契约、交换和买卖取得的；市场无疑是已知模式中较为完美的一种交换方式，不仅在于对供需双方的满足，也在于更有效率地调动社会资源。正如张维迎所言，"市场经济是一种责任制度，利润是一种考核方式。市场通过企业划分核算单位，通过利润追溯责任，从而让每一个人对自己的行为负责。一个企业，只有有能力承担责任，才能赚取利润"。

那么还有一个很重要的问题就是，既然市场能带来如此多的好处，那么为什么还会有人反对市场。原因在于，市场如此美好，人人都在享受着其看不到的好处，但是因为各种利益以及理念，遗忘了其优点，反市场的情绪也随处可见，也使得市场需要捍卫。

以中国为例，伴随着改革进入深水区，民生问题引起社会诸多关注，当大家初步享受市场化的便利的同时，却因为某些领域（譬如住房、医疗、教育等）不便，而将其弊端归结为市场化，殊不知，这些领域的问题不是市场化，而是不够市场化，看似市场的失灵，实际则是管制的无效。

张维迎提供了一个例子，"在 17 世纪后半叶路易十四时代，法国政府一次就处决了 16000 多位企业家，他们的唯一罪状是进口和制造了棉纺织品，违反了当时的财政部长制定的产业和贸易政策"。

市场不仅可以带来经济益处，更可以增进个人的自由，未来中国的繁荣必然维系于此。不过，近些年改革速度放缓令人担忧，反市场化的声音也在四起。张维迎将市场归结为一个从特权到权利的过程，其间必然触及很多旧有制度与社会根基，尤其对中国这样从计划经济转型而来的国家而言，更是障碍重重，不仅在于利益，更在于意识形态。

在《市场的逻辑》一书中，张维迎曾列举了反市场者反市场的理由：首先，既得利益者、特权阶层不太喜欢市场经济，市场经济这种强调机会平等的体制的出现对于特权阶层构成挑战；其次则是思维上的无知，缺乏理性思维，理性看市场与直观看市场，感受完全不同。而在这本书中，他则列举了形形色色的语言腐败如何危害当前改革以及社会根基，以美好之语犯罪恶之行，书中多次引用美国思想家托马斯·潘恩在《理性时代》一书中的名言："为了人类的幸福，一个人在思想上必须对自己保持忠诚，所谓不忠诚不在于相信或不相信，而在于口称相信实则自己不相信的东西。"

由此可见，市场尚未完善，同志仍需努力。回到开篇的问题，中国凭借市场经济的力量，释放了足够多的廉价劳动力，搭上了全球化的顺风车。如何维持这一模式，更艰难的挑战或许才刚刚开始。过去我们看待市场，更多从效率角度思考，正如邓小平所谓"不管黑猫白猫，能捉老鼠的就是好猫"。而如今更应该从道德以及权利的角度思考市场，如此才能完全理解市场价值所在。

回头来看，市场的基础是什么呢？张维迎指出三点，第一是自由，第二是产权，第三是企业家精神。然而，上述三点都是基于法治。由此可见，我们不仅需要市场经济，更应该建立法治基础之上的市场经济，这不仅可以捍卫市场自身的发展，也可以更好地保护市场中的个体免于恐惧、掠夺的自由，也是中国改革的正确出路。

《通往市场之路》之名，多少有向哈耶克的名著《通往奴役之路》致敬的意味。70多年前，在计划经济的赞歌中，哈耶克作为经济学家写下这本政治意味很强的书，他甚至在导言中表示，自己有各种合适的理由不必写作或出版这部书，一方面"有关这些问题的公共舆论，在令人吃惊的程度上为外行或怪异者、为居心叵测者或卖狗皮膏药的人所操纵"；另一方面"由于现时代有关未来经济政策问题讨论中的不寻常的和严重的情况所致，这些情况几乎尚未为公众充分地意识到"。

也正因如此，作为一位尚有闲暇从事写作工作的人，哈耶克自称"难以将忧虑缄藏于心"，并把写作《通往奴役之路》当成不可逃避的责任。张维迎等专业经济学家的普及常识、厘清理念的行为，应该得到鼓励，而这一传统原本源自哈耶克。

·金句抄录·

市场不仅可以带来经济益处，更可以增进个人的自由，未来中国的繁荣必然维系于此。

·推荐阅读·

《通往市场之路》

作者：张维迎

出版社：浙江大学出版社

·延伸阅读·

《哈耶克评传》

作者：[英] 布鲁斯·考德威尔

译者：冯克利

出版社：商务印书馆

图书在版编目（CIP）数据

经济学大师的通识课 / 徐瑾 著 . —北京：东方出版社，2023.1
ISBN 978-7-5207-2889-8

Ⅰ . ①经… Ⅱ . ①徐… Ⅲ . ①经济学—通俗读物 Ⅳ . ① F0-49

中国版本图书馆 CIP 数据核字（2022）第 133417 号

经济学大师的通识课
（ JINGJIXUE DASHI DE TONGSHIKE ）

作　　者：徐　瑾
责任编辑：袁　园　李子昂
出　　版：东方出版社
发　　行：人民东方出版传媒有限公司
地　　址：北京市东城区朝阳门内大街 166 号
邮　　编：100010
印　　刷：北京文昌阁彩色印刷有限责任公司
版　　次：2023 年 1 月第 1 版
印　　次：2023 年 1 月第 1 次印刷
开　　本：880 毫米 ×1230 毫米　1/32
印　　张：10.75
字　　数：180 千字
书　　号：ISBN 978-7-5207-2889-8
定　　价：69.00 元
发行电话：（010）85924663　85924644　85924641